渋沢栄一の公益思想

―いま「養育院」が問いかけること

山本伸洋

本書の構成

明治維新から戦前にかけ、企業経営・人材育成・社会貢献・民間外交を通じ、経世済民を生涯に亘り実践した渋沢栄一は、500の企業と共に600の社会事業の設立に関与している。「日本資本主義の父」とも称される渋沢は、第一銀行頭取を辞め実業界から引退後、残された事業の一つとして「細民救恤手段の統一」を挙げ、100以上の社会文化事業団体の代表・副代表に就任し、逝去時には、50あまりの肩書があったとされる。

本書は、東京府知事大久保一翁が設立した「養育院」を中心に社会事業に取り組んだ渋沢の公益思想を検討することを目的とする。渋沢の公益思想の形成過程とその理念を検討すると共に、公益事業の先覚として松平定信を取り上げ、養育院の確立と運営実態の変遷を踏まえ、渋沢の果たした役割を検討する。さらに、渋沢が目指した「国利民福」の実践を検討し、最後に渋沢の公益思想の今日性について述べる。

序章：本書の目的では、現代における社会への関わり方を倫理的に考えるうえで、渋沢の思想を検討することに意義がある旨を述べる。

第1章：渋沢栄一の公益思想の形成過程では、先行研究を踏まえ、①渋沢の生い立ち、②倫理・行動基準、③攘夷運動、④渡欧経験の4点に分けて検討する。

第2章：渋沢栄一の公益思想を貫く理念では、幼き頃から『論語』を身に付けた渋沢による「仁」の解釈を探り、明治・大正期の公益事業に対する一般社会の視線と渋沢の眼差しを対比し、渋沢の『論語と算盤』と河上肇の『貧乏物語』を比較する。

第3章：渋沢栄一と松平定信では、渋沢が敬愛した松平定信の公益追求を俯瞰し、渋沢におけるその影響を示す。

第4章：養育院の確立と運営実態の変遷では、養育院の運営主体が、創設より【営繕会議所～東京府～委任経営～東京市】と変遷するなか、養育院の院長として公益事業を拡大推進した渋沢の矜持と尽瘁から、その果たした役割を探る。

第5章：「国利民福」を目指した渋沢栄一では、公益事業の拡充を目指して設立した中央慈善協会、キリスト者の公益事業への支援、救護法の施行に至るまでの渋沢の尽瘁を考察し、渋沢による教育支援、公益思想の啓発を検討し、実業界引退後の「三事業」への挑戦に触れる。

終章：渋沢栄一の公益思想の今日性では、渋沢の公益思想の核心と現代的意義、グローバル性を考察し、今日の我々が渋沢から学ぶべき課題について述べる。

目次

序章　本書の目的

渋沢栄一（1840〜1931）は、幕末から明治、大正、昭和初期までの激動の時代を生き、生涯に500の企業と共に600の社会事業の設立に関与した。ピーター・ドラッカーをして「彼は世界のだれよりも早く、経営の本質は責任にほかならないということを見抜いていた」と言わしめた。経世済民を生涯に亘り実践した渋沢栄一の思想を探求することは、ダイバーシティ、インクルージョンが求められる現代にあって、社会への関わり方を倫理的に考えるうえで意義のあることと考える。

渋沢が研究対象として語られる時、「社会企業家の先駆者」（島田昌和）、「近代日本社会の創造者」（井上潤）、「日本近代の扉を開いた財界リーダー」（宮本又郎）、「日本のインフラを創った民間経済の巨人」（木村昌人）等と称され、企業家としての側面を強調した研究は数多く為されている。

他方、渋沢は明治7年（1874）より、生活困窮者救済事業である養育院の運営に携わり、後に事務長、院長に就き、幼少年や長期療養者ごとの分院や感化が必要な少年への学校を設置する等、終生この事業に関わり運営に心を砕いている。渋沢は、大正5年（1916）に76歳で、実業界の第一線を退いた後、残された三事業として「経済と道徳の一致」、「資本と労働の調和」、「細民救恤手段の統一」を挙げ、晩年まで力を注いだ。(1)

本書では、先行研究を踏まえ、社会事業に生涯を通して取り組んだ渋沢の思想形成過程を明らかにし、日本の近代化のなかで覚醒した公益理念を探る。渋沢が先覚として深く尊崇敬慕した松平定信の事績等を踏まえ、養育院創設から院長として取り組んだ公益の具現化過程を考察する。さらに、渋沢による福祉・教育等のフィランソロピーに触れ、最後に渋沢の公益思想の今日性について検討する。

注　序章

（1）渋沢栄一「老後の三事業」は、『時事新報』１９１８年1月1日に掲載。財団法人竜門社『竜門雑誌』第３５７号、１９１８年2月に再録。

第1章　渋沢栄一の公益思想の形成過程

はじめに　先行研究について

渋沢栄一の公益思想の形成要因を探るにあたり、まず、先行研究における言及を挙げたい。社会福祉学者の大谷まことは、[2]企業家としての側面ではなく、「渋沢の業績を社会福祉の歴史の立場から高く評価した、おそらくは初めてまた唯一の大学関係研究者は、一番ケ瀬康子[3]であろう。[4]」と指摘している。渋沢の活動をボランタリズムという視点からとらえた一番ケ瀬は、渋沢のボランタリズムが、母親の影響、幕末時のフランスでの体験による影響、論語の影響という三点からきているとの説明をしている。[5]

大谷自身は、渋沢福祉思想の形成要因として、成長過程、日本の独立に対しての危機意識、西洋諸国の文化との接触、松平定信の影響、思惟・行動規範としての論語の五点から論じている。[6]

また、養育院附属病院の後継組織である東京都健康長寿医療センター顧問の稲松孝思は、「社会事業に関わる渋沢栄一の行動を見てみると、（中略）その背景には、母親譲りの隣人愛、養育院の実務を介しての孤児・窮民対策、松平定信や大久保一翁の思いを引き継ぐ社会に対する責任感を感じることが出来る。[7]」と三点を挙げている。

渋沢資料館顧問の井上潤は「渋沢がこのように熱い思いをもって（社会福祉）事業にあたるようになったもとをたどれば、幕末の渡欧時に学んだ慈善事業の精神によるところが大きいのと、血洗島にてすごしたころに、村にいた今でいうハンセン病をわずらった村民の面倒をよくみたといわれる、とても慈悲深いとされる彼の母親の影響が強かったと思われる。[8]」と二点を挙げている。

国際政治学者の木村昌人[9]は「母えいは、慈悲深く近所の困窮者の面倒をよく見た。えいは、人にものを施すことが好きで、残り物などを取っておいては困窮者に与える事が多く、父市郎右衛門にいつも小言を言われた。栄一が後年社会福祉に深くかかわるようになったのは、えいの資質を受け継ぎ、その行動に感化された面が多々あったのかもしれない。[10]」と指摘している。

本書においては、公益の視座から、渋沢の社会、福祉、公益の思想形成にあたり、大きく影響を与えたと思われる要素として、以下の四点を挙げ検討を進めたい。

（1）生い立ちと人格形成──「公益への視点」
（2）倫理・行動基準とした『論語』による修養
（3）攘夷運動を通じての「富国慈民」意識の醸成
（4）幕末渡欧時の西洋近代文明の受容

1　生い立ちと人格形成―「公益への視点」

渋沢栄一は、天保11年（1840）、北に利根川が流れ、南に深谷宿のある中山道が通る武蔵国榛沢郡血洗島村（現埼玉県深谷市血洗島）で、渋沢家分家の「東ノ家」から本家筋の「中ノ家」に養子として入った父の市郎右衛門（1809〜1872）と母のえい（1811〜1874）との間に生まれている。

父の市郎右衛門は、経営の才があり、他人の手に渡った田畑を買い戻し、畑作に加え商品貨幣経済の浸透とともに製藍・養蚕に力を入れ、荒物業、質屋、金貸業も営み、村では本家中ノ家に次ぐ財産家となった。四書五経[11]を解し、俳諧を嗜み、神道無念流[12]の剣法で鍛え、勤勉で倹約質素であり、誠実、実直、厳正であった。一方、村人に対しては親切で、義侠心、慈悲心に富み、岡部藩[13]領内でも財を提供し殖産興業に努め、名字帯刀を許され名主見習となっている。渋沢は、父について、「方正厳直で、一歩も人に仮することの嫌な持前で、如何なる些細な事でも、四角四面に物事をする風でありました。（中略）人に対しては、最も慈善の徳に富むで居て、人の世話をすることなどは如何にも深切であった。[14]」と語っている。

栄一が十四、五歳の頃、この父から「農業にも商売にも心を用いなければ一家の役にたたない」と言われ、日々田畑へ出て下肥を担ぎ、縄をない草鞋をつくった。父について製藍・養蚕を行い、矢島、横瀬、宮戸等近隣の村へ藍葉の買い出しに出掛け、信州、上州、秩父の紺屋へ藍玉を販売した。

栄一は、二十四歳になるまでの11年間、血洗島で家業に携わり、さらに士分に取り立てられるが、士農工商其々の生業を実務として経験したことが、後に日本の近代化を推進する過程において、経済・金融・経営の基礎を頭と身体で身に付け、企業と社会事業で活躍する基盤を創ったと思われる。

また、栄一が十五歳の時、叔父と共に江戸へ出て、桐の書籍箱と桐の硯箱を買い、荷物が到着したところ、家にあるこれまで使用していたものと比べると、大いに異なり華美に見えた。父は、大いに驚き立腹し「こういう風では、どうも其方は、この家を無事安穏に保ってゆくということは出来ない、おれは不孝の子をもった[15]」と、厳しく教訓され、栄一も納得したとある。父の言動から、公に尽くす勤勉さと華美・奢侈に対する戒めを学んだと推測される。

母のえいは、施与が唯一の楽しみではないかと思える程、困窮者への情が深く、貧しい人々に食べ物を与えた。不治の病とされ、忌み嫌われ、村八分になっていたハンセン病罹患者の女性を自宅や共同浴場で入浴させ着物や食事の世話までした。そのため、村人達から陰口を叩かれたが、全く意に介さず、慈悲善行に富んだ人であった。栄一は、ハンセン病罹患者を庇った母の姿を見て育っている。

また、父方の親戚から迷信を基に縁談を反対され、破談となった姉のお仲が、精神に異常を来たしたことがあったが、栄一は、献身的に心の病を患った姉の世話をした。地域の人々からその行動を非難の目で見られることもあった母や姉を守るなかで、世間の冷たさを敏感に感じると共にそれに対する反発心と社会的弱者への慈愛と共感を育てたのではないか。公に尽くし弱者を守る父母の生き方を鏡とし、人道思想を培ったと思われる。

栄一は、六歳より、父から『大学』『中庸』『論語』を習い、七歳の時、父の助言もあり、博学な従兄の尾高惇忠（1830〜1901）について四書五経に加え、『日本外史』[16]等、興味関心のある文献を幅広く読み、作詩作文を学んでいる。父市郎右衛門と従兄惇忠の栄一に対する教育方法については、項を変え後述する。

幼少時、猛犬を譲り受けた栄一は、従兄の熊五郎と共に犬を可愛がり、犬が病気の時には馬肉や調合した漢方薬を与え、闘犬を趣味とした。また、神道無念流の剣術の稽古を重ね、従兄の尾高長七郎（1836〜1868）と共に武者修行のため、上州、野州の道場を回っている。後に、栄一が一橋家に仕官できたのも、竹刀剣術の腕ゆえであったとされる。[17]ともに、栄一の深奥にある闘魂が垣間見えるエピソードではないだろうか。

栄一が十六歳の時、姉のお仲を転地療養に連れていった父の不在時、親戚が、姉の病を治すという祈祷師を家に連れて来たことがあった。母親や親戚の前で、栄一はお告げの信憑性について議論を始め、矛盾を突かれ答えに窮した祈禱師達が退散せざるを得なくなった。その後、村では祈祷に頼る者はいなくなった。迷信に惑わされず、実用性を重んじる栄一の思考が窺える。

また、栄一が十七歳の時、岡部藩の陣屋に父市郎右衛門を含む三軒の富農の当主が呼び出された。父が所用で行けず、名代として栄一が出向き、代官から市郎右衛門へ御用金五百両を申し渡され、他の当主はその場で引き受けた。栄一は即答を避け、父に申し伝えた後、受諾しに参る旨伝えたが、代官は、その場での返答を迫り、高圧的な態度で罵詈雑言を浴びせた。栄一は、脅かされながらも、即答を拒み帰ったが、父は直ぐにその御用金を納めた。栄一は、「察するに彼の代官は、言語といい動作といい、決して知識のある人とは思われぬ。かような人物が人を軽蔑するというのは、いったいすべて官を世々するという、徳川政治から左様になったので、もはや弊政の極度に陥ったのである」[18]と、知恵分別もなく公の肩書を楯に威張る役人と封建制度に心底立腹した。代官の愚弄は、権威に対する反骨を培い、官尊民卑に抗する信念の原点となり、後の攘夷運動へと発展する契機ともなった。

以上のように、栄一は、血洗島において、名主見習いまでになった父市郎右衛門、他人目を憚らず貧者と病人に施与をした母えい、英才で名の通った従兄惇忠、剣術に秀でた従兄長七郎、生涯を共にした従兄喜作（1838～1912）に囲まれ、当時の富豪層として、知育・徳育・体育の三育[19]の恵まれた環境のなかで育ち、突出した才能を示し、智情意をバランス良く発達させたといえる。渋沢は、「完き人は、智情意の三者が円満に具足した者、すなわち常識の人である。（中略）政治界でも、実業界でも、深奥なる学識というよりは、むしろ健全なる常識ある人によって支配されている。[20]」と後に語っている。激動する日本と世界の変転に処してきた渋沢の公益と人道思想の礎が血洗島時代に形成されたものと思われる。

2 倫理・行動基準とした『論語』による修養

渋沢は、「富の度を増せば増すほど、社会の助力を受けている訳だから、この恩恵に酬ゆるに、救済事業をもってするがごときは、むしろ当然の義務で、できる限り社会のために助力しなければならぬ筈と思う。[21]」と、富者の公益・社会事業に対する責任を表明している。渋沢が、このような惻隠の心を養い、青少年期に血肉化した論語を中心とした学習の方法と環境を探ることは、前節で述べた諸経験と合わせ、渋沢の公益思想の形成において、重要な要素を占めると思われる。

渋沢は、六歳の頃、父から『大学』『中庸』『論語』を習ったことは、前述の通りであるが、市郎右衛門は、かつて武士になろうとしていたこともあり、子弟に「武士風の教育」を行っていたようである。[22]

教育学者の木村政伸[23]は、当時の渋沢家のような富豪層の特徴について、「家督の維持のために武士への接近をめざし、その過程の一つに意識上の武士化としての漢学学習があった[24]」と指摘しており、渋沢は、武士的エートスのなかで漢学を学んだといえよう。半面、「父は家業に就いては甚だ厳格であったから、子供に武士風の教育ばかりして、百姓育ちにならずに、学生風になっては困る。[25]」、「モウ今までのように昼夜読書三昧では困る。農業にも、商売にも、心を用いなければ、一家の益にはたたぬ。[26]」と父から訓戒を受けている。

さらに父は、学問に対して、「能く四書五経を解し、其書を読むに記誦を力めず、専ら之を実行せんことに心がけたり[27]」との姿勢があった。渋沢が、「父は何でも『行って余力あれば以って又文を学ぶ』とあるではないかなどと叱った[28]」と回想しているように、学問と剣術の文武両道にのみ勤しむ武士階層とは異なり、家業である実業を優先し、暇あらば、学問に励むという姿勢を彷彿とさせる。のちに渋沢が唱道した「士魂商才」の萌芽となるような父の『論語』の学ばせ方であったといえる。

その後、七歳の時、父の助言もあり、博学な従兄の尾高惇忠について『四書五経』、『日本外史』等を学んだことは、前述した。渋沢は、惇忠について、「遊歴儒者として此村に来れる菊池菊城に就て経義を講じたのみで、殆んど独学でやった。が、却々の学者として近郷に隠れなき名声を博してゐた。[29]」と紹介している。

林田明大[30]によれば、惇忠を教えた菊池菊城（1785～1864）は、陽明学者で、寒村僻地を自ら遊歴、子弟を集めて教授したとある。[31]また、左曼麗[32]によれば、「渋沢宗助宅で本材精舎を開設し、閉塾後もこの地を訪れて農民やその子弟に講義した。尾高も渋沢も菊池の教え子である。[33]」とある。渋沢自身も「私も都合三四回は其講義を聞いた事があった。始めは文字の真義なぞは一向判らず、只だ師の口によって発音される通り、解せぬながらも繰り返してゆく中に字体が判り[34]」と菊池による当時の一般的な私塾に共通した「素読」の講義を受けたと回想している。

惇忠は、その菊池を師として、その後、水戸学[35]に傾倒し攘夷論を奉じ、陽明学の「知行合一[36]」を学則として掲げ、農業の傍ら尾高塾を開き渋沢も学んでいる。[37] その惇忠が渋沢に教えた学習方法はどのようなものであったのであろうか。

渋沢は、「その読み方は、今日学校で学ぶように丁寧に複読して暗誦の出来るようなことはせずに（中略）尾高の句読を授ける方法というのは、一家の新案で、一字一句を初学のうちに暗記させるよりは、むしろ数多の書物を通読させて、自然と働きを付け、ここはかくいう意味、ここはこういう義理と、自身に考えが生ずるの任せるという風でありましたから、ただ読むことを専門にして、四、五年を経過しましたが、ようやく十一、二歳のころから、いくらか書物が面白くなってきました。[38]」と語っている。

決められた文章を暗記させる素読だけではなく、多数の書物を読ませ、その意味や道理を学ぶ者自身に考えさせるというオリジナルな多読を用い、書物そのものに興味を持たせる教育方針であったといえよう。

また、惇忠は、「読書に働きをつけるには読みやすいものから入るが一番よい、どうせ四書・五経を丁寧に読んで腹にいれても、真に我が物になって、働きの生ずるのは、だんだん年を取って世の中の事物に応じるうえにあるのだから、今のところではかえって三国志でも八犬伝でも、なんでも面白いと思ったものを、心をとめて読みさえすれば、いつか働きがついて、外史も読めるようになり、十八史略も史記も漢書もおいおい面白くなるから、せいぜい多く読むがよい[39]」と渋沢に語っている。このような学び方を惇忠から習い実践し、壮年期の活躍に備えていったと考える。

大谷まことによれば、「渋沢の解釈の立場は後期水戸学[40]の影響を受けつつ、陽明学に軸足を置いた折衷の立場であった。（中略）ただし、論語についての渋沢の解釈は、一つの派の解釈をそのまま踏襲するものではなかった。（中略）陽明学の影響を受け実践を重んじた渋沢の論語の解釈は、自身の体験をもとにして当時の視点に立って再解釈を行っていくという、独自色の濃いもの[41]」とある。本節では、渋沢の論語の解釈が、どの派に属するのかを追求するものではなく、渋沢の公益思想の形成過程の一つとして、学びの対象であり自己を律する倫理・行動基準とした『論語』による修養を取り上げた。従って、渋沢の『論語』の解釈について、これ以上の言及は避ける。

このように『論語』をはじめ漢学を父と惇忠に習った渋沢は、晩年に自身の読書観を「先づ第一に心掛くべきことは、世に処するに方り成るたけ模範的人物となる様努めなければならぬが、これには倫理修身に関する精良の書物を選んで読むがよい。」と語り、多読から出発して、精読の書物として、『論語』と『孟子』を取り上げている[42]。渋沢は、父から、実践と共に学ぶ学問の大切さと実践無き学問を戒められ、従兄惇忠からは、多読による幅広い情報収集と書物の意味と道理を自ら考える主体性を学んだ。この『論語』の修養は、渋沢にとって、後の大いなる公益を実現するバックボーンとなったのである。

3　攘夷運動を通じての「富国慈民」意識の醸成

渋沢は、従兄惇忠から学んだ書物や志士と交流の深かった長七郎からの情報により、おおよその日本の置かれている状況を把握していた。国内外の出来事も踏まえ、この時代の状況を確認しておきたい。

渋沢の生まれた天保11年（1840）にアヘン戦争が起こり、清国は敗戦し、2年後に南京条約により開国させられ、その後、イギリスは阿片を大量に輸出し植民地的な侵略を続けていた。欧米の圧力は、嘉永6年（1853）に、日本への黒船来航となる。渋沢は、晩年（1931）に、自らが十四歳の時に感じたことを「此英吉利の支那に対する仕方はどうも人道に背く仕方である、自分の利益の為に、理窟で勝つた人を力づくでいぢめたといふので、誠にわるい事をするものだ、外国といふはおしなべて悪い事をするものだ、かう云ふ風に一般に考へるに至りました。[43]」と語っている。渋沢も黒船来航後、惇忠から勧められ、清国の敗戦理由を「英夷」について何も知らなかったことに帰している『清英近世談』（早野恵編、1850）を読み、列強に対する情報を得、[44]洋学を邪説とし朱子学の視点から論駁した大橋訥庵[45]の『闢邪小言』（へきじゃしょうげん）、日本の金銀法制の不備がもたらす外国との不利な交易を指摘した尾高惇忠の『交易論』を書写することで、攘夷に関する認識を深めている。安政6年（1859）には、無勅許のまま横浜港が開港され、交換比率の違いが金貨を流出させ物価が高騰し、翌年、強権で開国し反対派を弾圧した大老井伊直弼(46)が桜田門外の変で暗殺される事態に発展する。

翌文久1年（1861）、渋沢が二十一歳の時、農閑期に江戸へ出て、儒教の海保塾(47)、剣術の千葉道場(48)に入り、志士との交友関係によって、列強によるアジア諸国の植民地化等、天下の情勢を知ると、「二十才前後に及びては純然たる尊王攘夷論者(49)」となった。

二十三歳の時に、栄一は、惇忠、喜作と共に、日本が外国の属国になることを回避し、世官世禄の封建政治の打破と攘夷実行を目的に「天朝組(50)」を結成し、高崎城乗っ取りと横浜異人館焼き討ちを計画する。栄一は、江戸での人脈を中心に集めた六十九人を組織し、天下を驚かす事件を引き起こし、弱体化し対処能力の無い幕府を倒す先駆け、捨て石となる覚悟を持っていた。しかし、京都から戻った長七郎が、同様の企てとなる攘夷派長州藩が朝廷から追放された八月十八日の政変、大和国（奈良）における攘夷派浪士が決起後、幕府軍の追討を受けて壊滅した天誅組の変等、時代の流れが倒幕から公武合体へと変わる状況を説明した。それを聞き翻意した栄一は喜作と共に、江戸で知遇を得ていた平岡円四郎(51)の家来を名乗り、京都へと逃れる。

これらの体験により、栄一は、攘夷実行の力が無い幕府に任せておいては、外国に日本国が蹂躙されるという危機感を抱くと同時に、日本国が列強と対等に渡り合い、独立を維持する実力を養う必要性を認識した。黒船来航の年、渋沢が十三歳の時に抱いた当初の攘夷思想とは打って変わって、正義感を核に国を富まし、外国の脅威から民を守る「富国慈民」という意識は、その後、慶喜の幕臣、新政府の官僚、実業家とステージが変わっても生涯変わらなかったと思われる。

4　幕末渡欧時の西洋近代文明の受容

京都に逃れた渋沢は、その後、どのようになったのであろうか。進退に窮した栄一と喜作に対して、平岡は一橋家への仕官を勧め、二人は受け入れ、慶喜に謁見の後に奉公生活が始まった。仕官後、まもなく、渋沢は一橋家への仕官を希望する人材を探す人選御用として、江戸へ遣わされ、同じ志を持つ数十人を連れ帰り、任官させる等、政務を執る用人からの信用を得て行った。慶応1年（1865）には、京都守衛総督である慶喜に兵備が無く、一橋家の領内から農民を歩兵として集める旨の建言が採用され、歩兵取立御用掛を命じられる。備中[52]では、渋沢が興譲館[53]の阪谷朗廬[54]と時事を論じ、撃剣家と手合わせしても負けなかったことが評判となり、荘屋への直談判や代官への説諭を通して、200人あまりの志願兵を採用し、播摂泉三州[55]を含めて、500人ほどの兵丁応募を実現させた。その後、領内巡回時、渋沢が気付いた播州米の灘等の造酒家への販売、播州木綿の大阪での販売、備中の硝石製造の三事業の建議が採用され、一橋家の財政の要務を担う勘定組頭となり、慶喜に認められることとなる[56]。

渋沢の思想が大きく変わるのは、慶應3年（1867）、将軍慶喜の命により、徳川昭武（民部公子）[57]の随伴で、パリ万国博覧会に参加するため、西洋諸国を歴訪して、武力だけではなく経済、文化、生活水準、社会事業等が、遥に進んでいる状況に驚いた時からである。列強から侮られず、敬意を持って遇される国となるため、外国から学ぶ姿勢を、この時より持ち続けることとなる。この渡欧時の社会事業に関する事例を検証したい。

パリへ向け横浜を出発した一行が上海に上陸した時、立派な欧州各国の官舎、税関、ガス灯、電信施設とは対照的に、臭気漂う雑踏混雑する城内の中国人街を目にした。『航西日記』（こうせいにっき）[58]には、その様子を、「欧人の土人を使役する、牛馬を駆逐するに異ならず。督呵するに鞭を以てす」、「市中を遊歩するに、土人蟻集して往来を塞ぐ。各雑言して喧しきを、英仏の取締の兵来りて追い払えば[59]」と表現している。渋沢は、中国について、「喬木の謂のみにて、世界開化の期に後れ、独りその国のみを第一とし、尊大自恣の風習あり。道光、爾来の瑕瑾を啓き、さらに開国の規模も立てず、ただ兵威の敵し難きと、異類の測られざるとを、恐るるのみにて、尚旧政に因循し、日に貧弱に陥るやと思われる。豈惜しまざらむや[60]」と感想を述べている。

血洗島での生い立ちと攘夷論者であったことを考えると、渋沢が、当時の中国の現状を見て、国力を高めなければ、日本もいずれこのようになるという懸念を持ったとしても不思議ではない。

次の寄港地香港では、英国が造営した書院、造幣局、新聞局、講堂、病院が立ち並ぶなか、渋沢は「英国の囚獄を見る。その壮宏にして、罪人の取扱かた、すべて軽重に応じ、各器局に随い職業を営ましめ、かつ獄中に説法場を建置き、時々罪人を集い、説法を聴かしむ」、「罪人をして後悔懺悔なさしめすべて悪を戒め、善に赴かしむるを専らに説くなり（中略）民を重んじる道、懇篤切実なる感ずるに堪えたり[61]」と英国人の施策に大いに感心している。初めて欧州の文明と人道に触れた渋沢の体験は、その後の養育院における感化部設置、井之頭学校設立のモデルとなったのではないだろうか。

その後、サイゴン、シンガポール、セイロンのゴール、アラビア半島の一角アデンを経てカイロに到着し、初めて鉄道に乗り、スエズ経由でアレキサンドリアへ向かう。『航西日記』には、渋沢が「千八百六十五年ころより、仏国会社にてスエズより地中海までの掘割を企て、しかも広大なる土木を起こし、この節経営最中のよし、汽車の左方はるかにタント（テント）など多く張り並べ、土畚（フゴ）を運ぶ人夫などの行きかうを見る。この功の竣成は三、四年の目途にして、成功の後は、東西洋直行の濤路を開き、西人東洋の声息を快通し、商貨を運搬する、その便利昔日の幾倍するを知らずといえり。すべて西人の事を興す、独り一身一箇の為にせず、多くは全国全州の鴻益を謀る。その規模の遠大にして、目途の宏壮なる、なお感服する様子を記している。この一連の見聞は、今後の日本においては、渋沢に攘夷ではなく開化の必要性を認識させたであろうことは容易に想像がつく。

公益思想の観点が注目されるのは、パリに到着後、昭武に随って病院を訪ねたことである。『航西日記』には、「この病院は、市中に接し、高敞の地にあり、周囲鉄墻にて、屋宇は層階造りなり。入口に番卒を置き、各房病者の部類を分かちて、上等下等の差別あり。一層ごとに病者数十人床を連ね臥す。臥床(ベッド)皆番号あり。臥具すべて白布を用い、もっぱら清潔を旨とす。看護人は皆尼女の務めとす。配剤所、食料所等十分の結構なり。[63]」との記述があり、渋沢は、医療機関としての病院のあるべき姿を学んでおり、その後の養育院における医療事業に繋がったと推測される。この病院の設立資金について「ある富豪の寡婦、功徳のために若干の金を出して、創築せし由にて、その写真の大図入口に掲げてあり[64]」と富裕層の資金提供による慈善事業の在り方も学んでいる。

また、同じく『航西日記』に、仏皇帝がパリ万博に来訪したロシア皇帝のために開催した競馬を観戦した折に、「仏帝と魯帝と十萬フランクづ、の賭ものせしが魯帝の方勝たりしかば其十萬フランクを以て魯帝より直に巴里貧院に寄付せし」との記述がある。ロシア皇帝は、獲得した賞金を全額、パリの困窮者施設に寄付したのである。このことが、渋沢の後年の社会事業支援のきっかけになったのかもしれないとの指摘もある。[65]

『青淵回顧録』には、「徳川民部公子に随行してフランスに留学しておった当時のことであるが、ある日パリー居住の陸軍将官の夫人の名で書面が参り、「今年の冬はよほど寒いようであるから、パリー市街の貧民を暖かにしてやりたいと思う。ついては来る何日に某所へ来てぜひ何か買って下さい」という依頼が書いてあった。（中略）それは特殊の紳士方に依頼して義捐金を出してもらい、それを貧民院等に寄付するので、何か品物を買いにきてくれというのは、そこに何か品物を販売しているから、慈善のために高く買い上げてくれというのである。（中略）それで初めて慈善市という事の性質が解り、なるほどこれは博愛済衆の趣旨に適うて良い事であると感心した次第であった。（中略）私はその当時日本に帰ったならば、ぜひともこういうような習慣を作りたいものと思ったのである。[66]」とある。

公益思想の観点から見れば、この体験は、その後の渋沢に福祉分野における富裕層からの寄付や大衆からの募金の必要性を認識させ、「公益」を追求する社会事業を展開する起点となったのである。

その後、スイス、オランダ、ベルギー、イタリアを訪れ、英国では、新聞社のタイムズ社、イングランド銀行、造船所等を観ている。

栄一の四男秀雄によれば、後年渋沢は、初めての外遊で最も肝に銘じた「三つの驚き」を挙げている。[67]第一は、日本から名誉領事として委嘱した銀行家フリュリ・エラールの指導で知識を得たフランスの株式会社組織である。栄一が感動したフランスの後押しで進むスエズ運河をはじめ大衆の金を集め大規模な営利事業を行う銀行、会社組織の賢明な運営が、大衆を富まし、引いては国を富ましていることであった。第二は、フランスには官尊民卑のふうがないことである。将軍慶喜から昭武の教育係を依頼されたナポレオン三世が指名した陸軍中佐ヴィレットと銀行家フリュリ・エラールの関係が対等であり、身分制度のある日本のように封建的な階級の差がないことであった。第三は、ベルギー国王レオポルド一世がリェージュ製鉄所を見学後の昭武に対して、「日本もこれから強くなるためには、大いに鉄を使わなければなりません。（中略）ベルギーの鉄を輸入なさるがよろしい」と語ったことである。王もまた国を代表する一個の人間だと思ったと納得したようである。

以上の「三つの驚き」は、渋沢に経済における企業組織、金融の重要性を知らしめ、民と国を富ます為には、官と民の関係が対等であるべきで、渋沢が、後年〝民〟の強化を図るため、官僚から、リーダーとなる人材の少ない民間へと転身を図ることに繋がったと考えられる。上述の通り、第1章 渋沢栄一の公益思想の形成過程では、先行研究を踏まえ、血洗島での生い立ちと人格形成、倫理・行動基準とした『論語』による修養、攘夷運動を通じての「富国慈民」意識の醸成、幕末渡欧時の西洋近代文明の受容の四点を公益思想の形成過程として挙げた。地域と国の民を慈しみ、東洋の叡智と西洋の技術、システムを学び、渋沢の公益思想は形成されたと考える。

(2)ウィキペディア：1948〜2008年。社会福祉学者。福山平成大学教授。博士（社会福祉学）。

(3)ウィキペディア：1927〜2012年。社会福祉学者。日本女子大学名誉教授。経済学博士。

(4)大谷まこと『渋沢栄一の福祉思想―英国との対比からその特質を探る』、ミネルヴァ書房、2011年、7頁。

(5)大谷まこと 同掲書。8頁。オリジナルの出典は、一番ケ瀬康子『一番ケ瀬康子著作集第5巻 福祉を担う人々』、労働旬報社、1995年

(6)大谷まこと 同掲書、55〜67頁。

(7)渋沢研究会編『はじめての渋沢栄一 探求の道しるべ』、稲松孝思「社会と福祉の視点から」ミネルヴァ書房、2020年、203頁。

(8)井上潤『渋沢栄一 近代日本社会の創造者』、山川出版社、2012年、74頁。

(9)ウィキペディア：1952年〜。国際政治学者。法学博士。

(10)木村昌人『渋沢栄一――日本のインフラを創った民間経済の巨人』、ちくま新書、2020年、24頁。

(11)学研四字熟語辞典：中国の最も代表的な儒教の経典。四書は、『論語』、『大学』、『中庸』、『孟子』。五経は『易経』、『書経』、『詩経』、『礼記』、『春秋』。

(12)久喜市公文書館編集『公文書館開館10年 企画展ダイジェスト』、久喜市公文書館、2003年9月、8頁によれば、福井兵右衛門嘉平（1702〜1781）が、元文5年（1740）38歳の時、四谷に道場を開いたとの記述がある。

(13)ウィキペディア：武蔵国榛沢郡岡部（現在の埼玉県深谷市（旧大里郡岡部町））に存在した藩。

(14)渋沢青淵記念財団竜門社編纂『渋沢栄一伝記資料』第1巻、渋沢栄一伝記資料刊行会、1955〜1977年、5頁。

(15)渋沢栄一『渋沢栄一自伝 雨夜譚・青淵回顧録（抄）』、角川ソフィア文庫、2020年、21頁。

(16)頼山陽（1781〜1832年）が著した日本の歴史書。外史とは民間による歴史書の意。

(17)魚住孝至『文学・芸術・武道にみる日本文化』、一般社団法人放送大学教育振興会、2019年、263頁。

（18）渋沢栄一『渋沢栄一自伝 雨夜譚・青淵回顧録（抄）』、角川ソフィア文庫、2020年、30頁。
（19）日本スポーツ教育学会『スポーツ教育学研究』第8巻 第2号、片岡暁夫、「ハーバート・スペンサーの体育論についての一考察」、1988年11月、2頁に「「知育・徳育・体育」ということを初めに唱えたのは、ハーバート・スペンサー（1820〜1903）の『Education:Intellectual,Moral,and Physical』（1860年）である。」との記載がある。
（20）渋沢栄一『論語と算盤』、角川ソフィア文庫、2008年、104頁。
（21）同掲書、134頁。
（22）東京大学大学院教育学研究科『東京大学大学院教育学研究科紀要』第43巻、于臣、「渋沢栄一の少，青年期についての一考察」、2003年、37頁。
（23）KAKEN：1957年生まれ。西南女学院大学教授。博士（教育学）。
（24）九州教育会『九州教育会研究紀要』14期、木村政伸「豪農層における漢学教育の普及とその意味」、1986年、74頁。
（25）渋沢青淵記念財団竜門社編纂『渋沢栄一伝記資料』第1巻、渋沢栄一伝記資料刊行会、1955〜1977年、95頁。
（26）渋沢栄一『渋沢栄一自伝 雨夜譚・青淵回顧録（抄）』角川ソフィア文庫、2020年、17頁。
（27）渋沢青淵記念財団竜門社編纂『渋沢栄一伝記資料』第1巻、渋沢栄一伝記資料刊行会、1955〜1977年、7頁。
（28）同掲書、69頁。
（29）同掲書、69頁。
（30）日本経営合理化協会HP：1952年生まれ。陽明学研究家・実践家。2022年7月閲覧。
（31）国会政経ニュース社『国会ニュース』第63巻（3）、林田明大「渋沢栄一と陽明学」、2003年、95〜98頁。
（32）広島大学学術情報リポジトリ：湖南大学出身。博士（文学）。
（33）広島大学大学院『比較日本文化学研究』第15号、左曼麗「少・青年期の渋沢栄一と『論語』」2022年、138頁。

（34）渋沢青淵記念財団竜門社編纂『渋沢栄一伝記資料』第1巻、渋沢栄一伝記資料刊行会、1955～1977年、69頁。

（35）デジタル大辞泉：江戸時代、水戸藩主徳川光圀（1628～1701）の「大日本史」編纂に端を発し、同藩で興隆した学派。儒学思想を中心に、国学・史学・神道を結合させたもの。皇室の尊厳を説き、幕末の尊王攘夷運動に多大の影響を与えた。

（36）朱子学の知先行後論とは異なる王陽明（1479～1529）の「知ることと実行することは本来二つに分けられない」とする考え方。

（37）埼玉県教育委員会『埼玉人物辞典』、埼玉県、1998年、221頁。

（38）渋沢栄一『渋沢栄一自伝 雨夜譚・青淵回顧録（抄）』角川ソフィア文庫、2020年、16頁。

（39）同掲書、16頁。

（40）百科事典マイペディア：第9代水戸藩主徳川斉昭（1800～1860）の藩政改革を契機に実践的政治理論に再編され、幕末の錯綜した政治情勢下で反幕・尊王攘夷勢力に強く影響したものの、幕藩体制維持から踏み出し得なかった。

（41）大谷まこと 同掲書、64～65頁。

（42）渋沢栄一『青淵百話』、同文館、1912年、640～646頁。

（43）渋沢青淵記念財団竜門社編『渋沢栄一伝記資料』第一巻、1944年、166頁。ハワイの産業の男爵と称される実業家ウオルタ・デリンガム（1875～1963）一家と対談した時、その子息が十四歳になると聞いて語った。

（44）関西大学『東アジア文化研究科院生論集』梁紫蘇、「渋沢栄一の対外認識の萌芽について」2013年1月、381頁～383頁

（45）デジタル大辞泉：1816～1862年。江戸末期の儒学者。江戸の人。日本橋の豪商大橋家の養子。佐藤一斎に学び、朱子学を唱えて、攘夷を主張した。老中安藤信正襲撃を計画して投獄され獄死。

（46）ウィキペディア：1815～1860年。江戸時代後期から幕末の譜代大名。近江彦根藩第16代藩主。幕末期の江戸幕府にて大老を務める。

（47）ウィキペディア：幕末の儒学者である海保漁村（海保章之助）（1798～1866）の塾。佐倉藩に招かれ、後に幕府医学館教授となる。

（48）ウィキペディア：文政5年（1822）、北辰一刀流の開祖である千葉周作（1793～1856）が、29歳の時、日本橋品川町に開いた道場の玄武館。

（49）渋沢青淵記念財団竜門社編『渋沢栄一伝記資料』第一巻、1944年、223頁。

（50）『幕末維新新選組』「幕末諸隊総覧」、幕末維新新選組　幕末諸隊総覧 四（bakusin.com）、2022年7月閲覧。

（51）「渋沢栄一と同時代を生きたキーパーソン100」製作委員会『幕末・維新・明治の偉人たち 渋沢栄一と同時代を生きたキーパーソン100』、東京ニュース通信社、2021年、64頁に、「1822～1864年。旗本の生まれ。水戸藩の藤田東湖等に推挙され一橋家小姓となり、徳川慶喜に仕え幕臣となる。」との記載あり。

（52）デジタル大辞泉：現在の岡山県西部

（53）公益社団法人岡山観光連盟 HP：嘉永6年（1853）開校。一橋徳川家と地元有力者が運営した郷校。阪谷朗廬が初代館長。2023年3月閲覧。

（54）日本大百科全書：1822～1881年。幕末維新の儒学者。

（55）世界大百科事典：播州は兵庫県西南部。摂州は大阪府北西・南西部と兵庫県の東部。泉州は大阪府南西部。

（56）渋沢栄一、『渋沢栄一自伝 雨夜譚・青淵回顧録（抄）』角川ソフィア文庫、2020年、66～129頁。

（57）ウィキペディア：1853～1910年。第9代水戸藩主徳川斉昭の十八男（庶子）。第15代将軍徳川慶喜の異母弟。

（58）日本仏学史学会『仏蘭西学研究』第45号、2019年6月22日、関根仁「青淵漁夫・靄山樵者著『航西日記』の基礎的研究」、13～14頁に、「1867年パリ万国博覧会に将軍名代として派遣された徳川昭武に随行した渋沢栄一と杉浦譲による全6冊の紀行である。渋沢と杉浦の共著として明治4年から5年にかけて（中略）耐寒同社より発行された。」との記載がある。

（59）泉三郎『青年・渋沢栄一の欧州体験』、祥伝社新書、2011年、70～71頁。

（60）同掲書、71頁。

（61）同掲書、73頁。

(62)同掲書、85頁。
(63)同掲書、107頁。
(64)同掲書、107頁。
(65)島田昌和『渋沢栄一 社会企業家の先駆者』、岩波新書、2011年、27頁。
(66)渋沢栄一『渋沢栄一自伝 雨夜譚・青淵回顧録(抄)』角川ソフィア文庫、2020年、306~307頁。
(67)渋沢秀雄『父 渋沢栄一』、実業之日本社文庫、2020年、194~197頁。

第2章　渋沢栄一の公益思想を貫く理念

1　『論語』における「仁」

渋沢栄一の公益思想を貫く理念として、自ら熟読愛読し、倫理・行動基準とした『論語』[68]に代表される儒教における「仁」がある。まず、『論語』において、「仁」とは、どのように語られているのかを確認する。『論語』の巻第一から巻第十までの「仁」に関する孔子と門人との代表的なやり取りの現代語訳を、以下挙げ、要点を（）で記す。

「有子[69]がいった。君子[70]は根本のことに努力する。根本が定まってはじめて進むべき道もはっきりする。孝[71]と悌[72]ということこそ、仁徳[73]の根本であろう。[74]」、（父母、年長者によく仕えることが仁徳の基本。）［巻第一　学而第一］

「子貢[75]が仁のことをおたずねして、もし人民にひろく施しができて多くの人が救えるというなら、いかがでしょう、仁といえましょうか。先生はいわれた、どうして、仁どころのことだろう、強いていえば聖だね。堯や舜[76]でさえ、なおそれを悩みとされた。そもそも仁の人は、自分が立ちたいと思えば人を立たせてやり、自分が行きつきたいと思えば人を行きつかせてやって、他人のことでも自分の身近にひきくらべ

ることができる、そういうのが仁のてだてだといえるだろう。[77]」、（経世済民、惻隠の情）［巻第三 雍也第六］

「顔淵[79]が仁のことをおたずねした。先生はいわれた、内にわが身をつつしんで外は礼の規範にたちもどるのが、仁ということだ。一日でも身をつつしんで礼にたちもどれば、世界じゅうが仁になつくようになる。仁を行なうのは自分しだいだ。どうして人だのみにできようか。顔淵がどうかその要点をお聞かせ下さいといったので、先生はいわれた。礼にはずれたことは見ず、礼にはずれたことは聞かず、礼にはずれたことは言わず、礼にはずれたことはしないことだ。[81]」、（慎み、礼節）［巻第六 顔淵第十二］

「仲弓[82]が仁のことをおたずねした。先生はいわれた、家の外で人にあうときには大切な客にあうかのようにし、人民を使うときには大切な祭にお仕えするかのようにして身を慎み、自分の望まないことは人にしむけないようにして人を思いやり、国にいても怨まれることがなく、家にいても怨まれることがない。[83]」、（誠実さ、慎み、思いやり）［巻第六 顔淵第十二］

「司馬牛[84]が仁のことをおたずねした。先生はいわれた、仁の人はそのことばがひかえめだ。そのことばがひかえめなら、それで仁といって宜しいのでしょうか。先生はいわれた、実践がむつかしいと思えば、ものいうこともひかえないでおれようか。そこが大切なところだ。[85]」、（謙虚さ）［巻第六 顔淵第十二］

「樊遅[86]が仁のことをおたずねすると、先生はひとを愛することだ、といわれた。[87]」、（愛情）［巻第六 顔淵第十二］

「樊遅が仁のことをおたずねした。先生はいわれた。家にいるときはうやうやしく、仕事を行うときは慎重にし、人と交際しては誠実にするということは、たとい野蛮な夷狄の土地に行ったとしても棄てられないことだ。[88]」、(丁寧さ、慎重さ、誠実さ)【巻第七 子路第十三】

「子帳[89]が仁のことを孔子におたずねした。孔子はいわれた、五つのことを世界じゅうに行なうことができたら、仁といえるね。進んでさらにおたずねすると、恭しいことと寛なことと信のあることと機敏なことと恵み深いことだ。恭しければ侮られず、寛であれば人望が得られ、信があれば人から頼りにされ、機敏であれば仕事ができ、恵み深ければうまく人が使えるものだ。[90]」、(丁寧さ、寛大さ、信用、機敏さ、慈恵)【巻第九 陽貨第十七】

以上のように、それぞれの門人達の状況に応じて、「仁」の要素について、父母、年長者はもとより、謙虚に誠実に丁寧に、慈しみと惻隠の情を持ち、人を愛し、思いやり、礼を尽くし、経世済民を行う大切さが語られている。

更に「仁」との向き合い方については、以下のように語られている。

「先生がいわれた、仁徳を行うに当たっては先生にも遠慮はいらない。[91]」【巻第八 衛霊公第十五】

「先生がいわれた、志しのある人や仁の人は、命惜しさに仁徳を害するようなことはしない。時には命をすてても仁徳を成しとげる。[92]」【巻第八 衛霊公第十五】

このように、「仁」の実践においては、師匠にも譲らず、時によっては、命を賭して行うべき最高の価値のあるものと説く。東洋学者の金谷治[93]によれば、「孔子が強調した仁の徳は、肉親の間での自然な愛情から発した、一種の調和的な情感をもとにしたもの[94]」であり、「その道徳は、人としての生き方といいなおした方がより適切であるように、極めて現実的人間的である。[95]」としている。

上記のように、孔子とその弟子たちとの対話、やり取りを介して、日常生活から治世まで、指導者や為政者を含め、人間として弁えるべき「仁義礼智信」の五常[96]を説き、その最高徳目として、「仁」が位置づけられているのである。

2 渋沢による「仁」の解釈

渋沢が、倫理・行動基準とした『論語』であるが、公益思想を検討するにあたり、『論語』を選んだ理由を、渋沢が著した『論語と算盤』から探る。

冒頭に「今の道徳によって最も重なるものとも言うべきものは、孔子のことについて門人達の書いた論語という書物がある。[97]」と記している。また、「明治六年官を辞して、年来の希望なる実業に入ることになってから、(中略)志を如何に持つべきかについて考えた。その時前に習った論語のことを思い出したのである。論語にはおのれを修め人に交わる日常の教えが説いてある。論語は最も欠点の少ない教訓であるが、この論語で商売は出来まいかと考えた。[98]」とある。そして、「孔子に対して信頼の程度を高めさせる所は、奇跡が一つもないという点である。基督にせよ、釈迦にせよ、奇跡がたくさんにある。（中略）これを信ずれば迷信に陥りはすまいか。[99]」と述べている。

これらを纏めてみると、指導者の弁えるべき「礼」、信用される人格としての「徳」を身につける為、人としての調和的な生き方が書かれた論語を「最重要の道徳であり、最も欠点の少ない教訓が書かれた、奇跡、迷信ではない正しき道理を説くもの」として、自らの公益思想の根幹として選んだと思われる。上記の『論語』を選んだ理由を踏まえ、渋沢は孔子をどのように位置付けていたのだろうか。『論語と算盤』には、以下のように記述がある。「支那は国も古し、文化もはやく開けて孔子、孟子のごとき聖人、賢者を出しているくらいであるから、政治方面、文学方面、その他において、日本より一日の長がある。それゆえ、漢土の文物学問をも修得して才芸を養わなければならぬという意味であって、その漢土の文物学問は、書物もたくさんあるけれども、孔子の言行を記した論語が中心となっておるのである。（中略）漢学と云えば孔子の学。孔子が中心となっているのである。[100]」と、長い歴史を持つ中国の中で、学び継がれてきた孔子の『論語』に高い評価を与え、漢学の中心として位置付けている。

では、その『論語』における「仁」をどのように捉えていたのだろうか。渋沢が著した『論語講義』から探ってみたい。

「それ仁の一字は、孔夫子の生命で、また論語二十篇の血液である。もし孔夫子の教訓より仁を取り去ったならば、あたかも胡椒の辛みの抜けたと同然となるであろう。孔子はこの仁のために生命を捧げられた程の大切な文字で、孔子の一生は仁を求むるに始まり、仁を行うに終ったというてもさしつかえなからん。上は堯舜を祖述し文武を憲章し下は王侯士太夫に応対するにも、必ず仁道に立脚したもので、孔子の精骨髄は仁の一字に存するなり。このゆえに孔子は仁を以て、一面倫理の根本とせられたるのと同時に、他の一面においては政治の本義とせられたり。王政王道もつまり仁から出発したものである。[101]」とある。

渋沢は、孔子哲学の根幹が、「仁」であり、倫理と政治における基本理念として、「仁」を捉えていた。まさに、渋沢の公益思想を貫く理念として、「仁」が位置付けられていることが判るのである。

3　明治・大正期の社会における公益事業に対する認識

明治7年（1874）より、渋沢栄一は、生活困窮者救済事業である養育院の運営に携わり、終生この事業に係わり、運営に心を砕いたことは序章でも述べた。当節では、当時の社会環境について確認する。

明治14年（1881）大蔵卿（後に初代大蔵大臣）に就いた松方正義が行った不換紙幣の整理と財政

赤字削減の為の増税により、通貨は縮減し、インフレからデフレへと景況が変わる。米価等農産物価格の下落により没落した中小農民層は、官営工場払下げを受けた政商の賃金労働者や寄生地主の小作人として、取り込まれることになる。（松方財政〜明治31年（1898）頃）。その後、日本は富国強兵を目指す殖産興業により、近代資本主義を形成し、日清・日露戦争を経て、大正期には、第一次世界大戦の好景気に沸く一方、困窮者も数多く存在する時代であった。

横山源之助[102]が著した『日本の下層社会』のうち、第一編「東京貧民の状態」から引用し、その実態を、以下検討する。

冒頭に「東京市十五区[103]、戸数二十九万八千、現在人口百三十六万余[104]、（中略）多数は生活に如意ならざる下層の階級に属す。細民は東京市中いずれの区にも住み[105]」と述べる。次に「本所・深川両区、および浅草区、（中略）住めるはおおむね細民の類にして貧民を見ること稀なり。（中略）東京の最下層とはいずこぞ、曰く、四谷鮫ケ橋、曰く下谷万年町、曰く芝新網、東京の三大貧窟すなわちこれなり。[106]」と、当時の困窮者の多い居住地域を示す。そして、「ひとたび足を路地に入れば、見る限り襤褸を以て満ち余輩の心目を痛ましめ、かの馬車を駆りて傲然たる者、美飾靚装して他に誇る者と相比し、人間の階級かくまで相違するものあるかを嘆ぜしむ。ついてその稼業を見れば人足・日傭取最も多く、次いで車夫・車力・土方・続いて屑拾・人相見・らおのすげかえ・下駄の歯入・水撒き・蛙取・井堀・便所探し（中略）世界あらゆる稼業は鮫ケ橋・万年町・新網の三カ所に集まれり。[107]」と、その生業を記している。

それでは、該当地域の人口は、どの位であったのか。横山が、「区役所に届け出である形式上の事実のみ[108]」と記した町名ごとに記載された戸数・人口[109]を合算してみると、四谷鮫ケ橋は1365戸・4964人、下谷万年町は865戸・3849人、芝新網は532戸・3221人となり、「東京の三大貧窟」合計で、2762戸・12034人を数えることとなる。さらに、「貧民部落に子供多く、同居者多きことはいずこにても普通に見るところの現象なれば、もし仔細に調査し来れば更に多数の住民あること必せり。[110]」としており、実態は上記戸数・人口を上回るようである。さらに、「鮫ケ橋・万年町・新網等貧民部落を別にして、なお幾種の貧民を一団の下に集め居る一現象あり。即ち木賃宿これなり。（中略）即ち東京市中総数百四十五の木賃宿ありて、一カ月間宿泊する人員合計一万二千九百七十四人、これを一日に割りて平均せば四百三十二人余の人数は、日々市中の木賃宿に宿泊し居る計算なり。[111]」と定住場所の無い人々の存在も指摘している。

横山の調査に基づけば、当時の東京市15区では、市が把握出来た三大貧窟と木賃宿に身を寄せる人々だけでも12400人を超える。実に人口の約1%にあたる市民が、その日の衣食住に事欠く生活を送っていたことになる。

明治7年（1874）、「恤救規則[112]」（太政官達162号）が、全国初の救貧制度として制定されていたが、前文に「済貧恤救ハ人民相互の情誼ニ因テ其方法ヲ設クヘキ筈ニ候得共」とあるように、前近代以来の支配者による慈恵的救済を継承していた。その救済対象は、労働能力を欠き且つ身寄りのない無告の窮民に限定しており、極めて制限主義的な内容を特徴としていた。渋沢の他界後、二代目養育院院長となる田中太郎[113]も、明治初めの頃の状況について、「社会事業の如き固より一般世人の必要視せざりしところなるは勿論、所謂有識者間に於いても救済事業の如きは好事家の閑事業であると見做し、敢えて一顧だに與へざりし時代[114]」と述べている。

明治20~30年（1887~1897）頃の社会における慈善事業に携わる者に対する世間の無理解について、留岡幸助[115]の日記に、以下のような記述がある。「世人の或る者は思慮甚だ浅薄にして、慈善家を目して厄介者の如く思ひ[116]」、「寄付を世のある人、若しくは篤志家だと思はれるほどの人々に申し込むと、其の返事は概ね同一で、慈善事業などをやる人は、①お寺のお坊さんか、②金持ちの道楽か、③余程の変人か、であると見做して、てんで相手にせなかった[117]」と記されている。

先述した横山源之助でさえ、「日稼人足中最も劣等にして、常に車力人足に附属する惰民あり、立ちん坊これなり。（中略）あるいは境遇の激変に遇い、堕落してこの群れに入りたるもあり。知らず、かれらの行く末やいかなるべき、読者これを知らんと欲せば、小石川大塚町に設立せる養育院[118]に到り、公費によりて養育せらるる社会の厄介者、行旅病者につきて研究すべし。必ずや読者をしてかれらが運命のいかに憐れむべきものなりやを首肯せしむるものあらん。[119]」と、養育院入院者に対する認識を記している。「公費によりて養育せらるる社会の厄介者」の文言に、当時の公益事業に対する社会の認識が表れている。

明治・大正時代は、行政、知識人、市民を含め、世間一般の公益・社会事業に対する理解は、宗教家、資産家、変人が行う特殊な事業と認識されていたようであり、現代とは著しくかけ離れた状況であったといえよう。[120]

4　公益事業に対する渋沢の認識

前節で述べたように、公益事業に対する無理解な時代の社会にあって、渋沢はどのような理念を持ち、事業に取り組んだのであろうか。大正6年（1917）当時、渋沢は、社会一般に流布される救済不要論に対して、以下のように語っている。「単に慈善は人の依頼心を助長し独立の本性を害ふが故に不可なりとして、此の方面からのみ非慈善主義を唱ふるは、楯に両面あるを知らざるの論で、之を以て現今の国家社会を維持することは不可能なり[121]」と、世間一般の風潮に反論をしている。

それでは、渋沢の貧困に対する認識はどのようなものであったのであろうか。以下、探っていきたい。

渋沢は、「貧富の懸隔はその程度においてこそ相違はあれ、いつの世、如何なる時代にも、必ず存在しないという訳には行かぬものである。もちろん国民の全部が、悉く富豪になることは望ましいことではあるが、人に賢不肖の別、能不能の差があって、誰も彼も一様に富まんとするがごときは望むべからざる処[122]」と述べ、社会においては、個人の力量に差があるため、全員が富者になるのは難しいと考えていた。

そのうえで、貧困への対処方法を、どのように考えていたのであろうか。渋沢は、「個人の富は、すなわち国家の富である。個人が富まんと欲するに非ずして、如何でか国家の富を得べき、国家を富まし自己も栄達せんと欲すればこそ、人々が、日夜勉励するのである。その結果として貧富の懸隔を生ずるものとすれば、そは自然の成り行きであって、人間社会に免るべからざる約束とみて諦める外、仕方がない。とはいえ、常にその間の関係を円満ならしめ、両者の調和を図ることに意を用うることは、識者の一日も欠くべからざる覚悟である。これを自然の成り行き、人間社会の約束だからと、そのなるままに打ち棄てておくならば、遂に由々しき大事を惹起するに至るは、また自然の結果である。ゆえに禍を未萌に防ぐの手段に出で、宜しく王道の振興に意を致されんことを切望する次第である[123]。」と述べている。

要は、個人の富の蓄積を否定せず、自己も国家も富めば良いと考え、その結果、貧富の差が出るのは止むを得ないこととした。そのうえで、貧困の解決こそ、指導者の採るべき王道であると考えていたことが解る。上記のような渋沢の貧困に対する認識を踏まえ、その救済観について考えてみたい。

渋沢は、「富を造るという一面には、常に社会的に恩義のあることを思い、徳義上の義務として社会に尽くすことを忘れてはならない」[124]とし、「己立たんと欲して人を立て、己達せんと欲して人を達す」というる言のごとく、自己を愛する観念が強いだけに、社会をもまた同一の度合いをもって愛しなければならぬことである。世の富豪はまず、かかる点に着眼しなくてはなるまい。」[125]と述べている。門人の子貢の質問に孔子が答えた文言を引き合いに、儲けた私的利益を公益に向けて行う事業は、富者の当然の義務であると考えていたことが解るのである。

5　渋沢の『論語と算盤』と河上肇の『貧乏物語』

本章第3節で述べたように、日清・日露戦争を経た大正期の日本は、第一次世界大戦の好景気に沸く一方、困窮者も数多く存在する時代でもあった。当節では、渋沢の公益思想を際立たせる為、官僚を経て実業家・経済人として日本の近代を築いた渋沢の『論語と算盤』と、欧州留学を終え、京都帝国大学教授となっていた河上肇[126]の『貧乏物語』[127]との比較を題材に、以下、検討する。

渋沢院長の東京市養育院に、2500人以上の窮民が収容されていた頃[128]、大正5年（1916）9月から12月に亘り[129]、河上は、『貧乏物語』を大阪朝日新聞に連載している。

当時、数え年で喜寿を迎えた渋沢と37歳であった河上であり、『論語と算盤』においては、河上に関する記述は見当たらない。他方、『貧乏物語』では、「久原に比ぶれば渋沢は貧乏人であり、渋沢に比ぶれば河上は貧乏人である[130]」と、渋沢に関する直接的な記述が見られる。財閥をつくらなかった渋沢と日立製作所・久原鉱業所を設立し財閥を形成した久原房之介[131]と河上自身を比較しており、既に社会的名声を博していた渋沢に対する河上の認識を表しているように思える。

本章第2節で検討したように、渋沢は、「富をなす根源は何かといえば、仁義道徳。正しい道理の富でなければ、その富は完全に永続することができぬ[132]。」と語る。他方、河上も、「余はこの物語において、まさに孔子の立場を奉じて富を論じ貧を論ぜしつもりである。（中略）余が人類社会より貧乏を退治せんとすることを希望するも、貧乏なるものが（中略）人の道を聞くの妨げとなるがためのみである[133]。」と述べており、両者が共通して、『論語』における「仁」を自らの理念としていることが解る。

それでは、渋沢の公益思想は、どのような点で、河上と異なっていたのであろうか。以下、検討する。

河上は、「明治39年（1906）、（中略）英国で食事公給条例なるものができ、貧乏人の子は国家がこれを引取り、親に代わって養っていくことにし[134]」、「英国には養老年金条例というものがある。（中略）明治41年（1908）、（中略）法律として発布さるるに至り（中略）七十歳以上の老人には国家に向かって一定の年金を請求するの権利ありと認めた[135]」とし、「これ従来の貧民救恤とは全くその精神を異にするところにして、（中略）近代における権利思想の一転機を画すべきもの[136]」と位置付けている。即ち明治7年（1874）に制定された恤救規則の「救済は本来人民相互の情誼による」とする原則を否定し、英国の事例を挙げて、国家に対する国民の権利を主張するものとなっている。

対して、渋沢は、「畏くも陛下は大御心を悩まし給い、御先例になき貧窮者御救恤の御下賜金を仰せ出ださせられた。この洪大無辺の聖旨に対し奉りて、富豪者は申し合わせぬまでも、心中に何とかして聖恩の万分の一にだも報い奉らなくてはならぬと苦慮するであろう。（中略）富豪諸氏は社会に対する自己の義務を完うせられたい。これ実に畏き聖旨に副い奉るのみか。（中略）社会の秩序、国家の安寧を保持する上において、如何ばかりか貢献することが多かろう。[137]」と、あくまで、「社会の秩序、国家の安寧を保持する」臣民[138]としての立場で、語っていることが解る。

本書では、渋沢の公益思想の検討が主題であり、河上が『貧乏物語』で、貧乏退治の策として挙げた「富者の奢侈廃止」、「貧富懸隔の匡正」、「生活必需品の生産調達の国家事業への移管」の3点[139]に絞って、渋沢の考えが窺える点を比較し、河上の抱く思想の詳細については、立ち入らない事とする。

河上は、「社会のすべての人々がその心がけを一変し（中略）各個人が無用のぜいたくをやめる[140]」ことで、「富者の奢侈廃止」を目指し、「一方には富者のますます富まんとするの勢いをおさえ、他方には貧者（金持ちに比較していう貧乏人）をして次第にその地位を向上[141]」せしめ、「貧富懸隔の匡正」を行い、「私人の営利事業のうち、国民の生活必需品の生産調達をつかさどるものは、ことごとくこれを国家事業に移す[142]」

と考えていた。

上記3点の河上の主張に対して、渋沢は、どのように考えていたのであろうか。以下、列挙する。

「個人の富は、すなわち国家の富である。個人が富まんと欲するに非ずして、如何でか国家の富を得べき、国家を富まし自己も栄達せんと欲すればこそ、人々が、日夜勉励するのである。[143]」とし、個人の富こそ国家の富であり、個人の栄達の否定や「富者の奢侈廃止」は考えておらず、事業家も国家も富めば良いと考える。また、「国民の全部が、悉く富豪になることは望ましいことではあるが、人に賢不賢の別、能不能の差があって、誰も彼も一様に富まんとするがごときは望むべからざる処、したがって富の分配平均などとは思いも寄らぬ空想である。[144]」と断じ、恣意的な「貧富懸隔の匡正」はあり得ないとする。しかしながら、「貧富の懸隔が生ずるものとすれば、（中略）両者の調和を図ることに意を用うることは、識者の一日も欠くべからざる覚悟である。[145]」と、社会政策としての公益事業の必要性を認めている。さらに、「これを自然の成り行き、人間社会の約束だからと、そのなるままに打ち棄てておくならば、遂に由々しき大事を惹起するに至るは、また自然の結果である。ゆえに禍を未萌に防ぐの手段に出で、宜しく王道の振興に意を致されんことを切望する次第である。[146]」と、河上のように国民の権利を主張するのではなく、天皇を戴く君主国における臣民の立場で、王道の振興を説いている。

さらに、「富むものがあるから貧者が出るというような論旨の下に、世人が挙がって富者を排儕するならば、如何にして富国強兵の実を挙ぐることができようぞ。[147]」と、「生活必需品の生産調達の国家事業への移管」への言及は見られず、外国に侮られない国を目指し、民の立場で殖産興業に挺身してきた渋沢自身の矜持が窺える。

『貧乏物語』が大阪朝日新聞に連載される6年前の明治43年（1910）に、幸徳秋水[148]等が弾圧された大逆事件[149]が起きている。先述のように、渋沢と河上は共通して、「仁」を自らの理念としていたが、明治憲法下の時代にあって、困窮者救済の公益思想における渋沢と河上の主張は、極めて対照的であった。

注　第2章

(68)金谷治訳注『論語』、岩波文庫、1999年改定新版、5頁に「孔子（紀元前552〜479年）の没後、その門人たちの間で次第に記録が蓄えられ（中略）集大成されたもので、その時期は恐らく漢の初めごろ（紀元前2世紀）」との記載あり。以下、同書より引用する。
(69)孔子の門人。孔子より四十三歳わかい。容貌が孔子に似ており、孔子の死後、学団の中心に立てようとする企てがあった。
(70)徳の修得にはげむ人。また徳のでき上った人。
(71)父母によく仕えること。
(72)兄や年長者によく仕えること。
(73)仁は孔子のとなえた最高の徳目。人間の自然な愛情にもとづいたまごころの徳である。
(74)同掲書、21頁。
(75)孔子の門人。孔子より三十一歳わかい。言語、利財にすぐれた。
(76)堯や舜は古代の理想的な聖天子。
(77)恕（思いやり）の徳のことを述べている。
(78)同掲書、124頁。
(79)孔子最愛の門人。孔子より三十歳わかかったが、四十一歳で孔子に先だって死んだ
(80)孔子をさす。以下同じ。
(81)同掲書、225頁。
(82)孔子の門人。孔子と同郷の魯の人。徳行の人とされる。
(83)同掲書、226頁。

(84)孔子の門人。宋の人。
(85)同掲書、227頁。
(86)孔子の門人。孔子より三十六歳わかい。
(87)同掲書、243頁。
(88)同掲書、261頁。
(89)孔子の門人。孔子より四十八歳もわかい。
(90)同掲書、346頁。
(91)同掲書、321頁。
(92)同掲書、308頁。
(93)ウィキペディア：1920~2006年。文学博士。専門は中国哲学。東北大学教授。
(94)同掲書、5頁。
(95)同掲書、4頁。
(96)学研 四字熟語辞典：仁とは他人への愛情。義とは人としての筋道。礼とは社会的な作法。智とは善意の判断力。信とは言葉の誠意。
(97)渋沢栄一『論語と算盤』、角川ソフィア文庫、2008年、7頁。
(98)同掲書、31頁。
(99)同掲書、227~228頁。
(100)渋沢栄一『論語と算盤』、角川ソフィア文庫、2008年、22~23頁。
(101)渋沢栄一『論語講義（一）』、講談社学術文庫、1977年、34頁。

(102)デジタル大辞泉：1871～1915年。富山出身。社会問題研究家。横浜毎日新聞記者となり、都市下層社会や労働者の実態を調査し、明治32年（1899）に『日本之下層社会』を公刊。

(103)ウィキペディア：明治11年（1878）制定の郡区町村編制法により、東京府に設置された麹町、神田、日本橋、京橋、芝、麻布、赤坂、四谷、牛込、小石川、本郷、下谷、浅草、本所、深川の15区。

(104)横山源之助『日本の下層社会』、岩波文庫、1949年、9頁によれば、明治31年（1898）2月調査時点の戸数・人口

(105)横山源之助 同掲書、23頁。

(106)同掲書、27頁。

(107)同掲書、27～28頁。

(108)同掲書、29頁。

(109)同掲書、28～29頁。

(110)同掲書、29～30頁。

(111)同掲書、62～63頁。明治31年（1898）1月警視庁調査。

(112)日本大百科全書：昭和4年（1929）制定の「救護法」（法律39号）まで、50年以上も継続し、結果として公的救済を特別視する傾向をもたらした。

(113)ウィキペディア：1870～1932年。日本橋浜町生まれ。社会事業家。

(114)財団法人竜門社『竜門雑誌』第481号、竜門社、1928年、222頁。

(115)ウィキペディア：1864～1934年。牧師、教誨師、社会事業家。東京巣鴨の民間感化院「家庭学校」を設立。

(116)同志社大学人文科学研究所編『留岡幸助著作集第一巻』、同朋舎、1978年、298頁。

(117)同掲書、547頁。

(118)公益財団法人渋沢栄一記念財団 渋沢資料館編集『養育院の「院長さん」渋沢栄一―父となり祖父となり曾祖父となり―』渋沢資料館、2023年、14頁に、明治29年(1896)に、養育院は本所区長岡町から小石川区大塚辻町に移転の記載あり。

(119)横山源之助 同掲書、40頁。

(120)大谷まこと 同掲書、235〜237頁。

(121)財団法人竜門社『竜門雑誌』第346号、竜門社、1917年、39頁。

(122)渋沢栄一『論語と算盤』、角川ソフィア文庫、2008年、233頁。

(123)同掲書、233〜234頁。

(124)同掲書、147頁。

(125)同掲書、134頁。

(126)国立国会図書館「近代日本人の肖像」:1879〜1946年。山口県出身。経済学者。東京帝大法科大学卒業。1913〜1915年の欧州留学後、京都帝国大学教授となり、1928年に辞職。1932年に共産党入党。翌年検挙され入獄し、1937年に出獄。代表的著作は、『資本論入門』、『経済学大綱』。

(127)河上肇著、大内兵衛解題『貧乏物語』、岩波文庫、1947年。

(128)渋沢栄一『論語と算盤』、角川ソフィア文庫、2008年、298頁に記載される大正4年(1915)1月時点の入院者。

(129)河上肇 同掲書、3頁。

(130)河上肇 同掲書、15頁。

(131)国立国会図書館「近代日本人の肖像」:1869〜1965年。山口県出身。実業家、政治家。日立鉱山を創業。衆議院議員、田中義一内閣の逓信大臣。

(132)渋沢栄一 同掲書、15頁。

(133)河上肇 同掲書、5頁。
(134)同掲書、59頁。
(135)同掲書、70頁。
(136)同掲書、71頁。
(137)渋沢栄一 同掲書、134～135頁。
(138)日本大百科全書：君主国において、国王たる君主の支配する対象者。日本の場合、明治憲法下において国民は臣民とよばれた。
(139)河上肇 同掲書、113～114頁。
(140)河上肇 同掲書、163～164頁。
(141)同掲書、113頁。
(142)同掲書、114～115頁。
(143)渋沢栄一 同掲書、233頁。
(144)同掲書、233頁。
(145)同掲書、233～234頁。
(146)同掲書、234頁。
(147)同掲書、233頁。
(148)国立国会図書館「近代日本人の肖像」：1871～1911年。中江兆民（自由民権運動の指導者）の学僕。安部磯雄（キリスト教社会主義者）等と社会民主党結成。堺利彦（社会主義者）等と『平民新聞』発行。1905年投獄され出獄後、社会革命党結成。大逆事件で検挙され、1911年処刑。
(149)日本大百科全書：明治天皇の暗殺を計画したという理由で、多数の社会主義者、無政府主義者が検挙、処刑された弾圧事件。

第3章　渋沢栄一と松平定信

1　渋沢栄一が松平定信を敬愛した理由

第1章では渋沢の公益思想の形成過程を探り、第2章では渋沢の公益思想を貫く理念を検討した。本章では、渋沢が公益・救済事業を推進するにあたり、範とした松平定信を取り上げる。渋沢が敬愛し、伝記を刊行した人物は二人存在する。一人が、幕末から明治にかけ渋沢が自ら仕えた徳川慶喜（1837～1913）であり、もう一人が、渋沢が「少年の頃頼山陽の日本外史を読んだ折などに、その名は聞き及んで居たが、未だその人を理解するには及ばなかった[150]」と語った幕府老中として寛政の改革を進めた松平定信（1758～1829）である。

慶喜の伝記は、明治26年（1893）、渋沢が松平定信の研究者であった三上参次博士[151]に相談のうえ、萩野由之博士[152]が主任となって、「昔夢会」という会合で、慶喜本人に語ってもらい、また、尋ね確かめて史実を確認しつつ伝記編纂を進めた。存命中は刊行しないという慶喜の意向に沿い、大正7年（1918）、『徳川慶喜公傳』として刊行されている。

定信の伝記は、大正14年（1925）、渋沢が定信の子孫である松平稲吉子爵[153]に相談し、三上参次博士に依頼のうえ、平泉澄博士[154]が草稿を手掛け、中村孝也博士[155]が修訂し、渋沢逝去の6年後となる昭和12年（1937）、『楽翁公傳』として刊行されている。[156]

松平定信は、宝暦8年（1758）に生まれ、渋沢の父市郎右衛門が20歳となる文政12年（1829）に没しており、栄一が天保11年（1840）に生まれているので、渋沢と定信の生きた時代は近接しているといえる。では、何故渋沢が定信に私淑し、範として公益事業にあたったのか。

『楽翁公傳』に寄せた序で、渋沢は次のように語っている。「抑々私が漸く楽翁公に葵傾するに至ったのは、明治六年に官を辞し、第一国立銀行の経営に転じて間もなく、時の東京府知事大久保一翁氏[157]から、江戸幕府時代からの積立金として東京府に保管せられて居る共有金、一名七分金の取締の一人に挙げられた時からである。大久保氏は幕府の重臣の一人で、徳川家が静岡県に封ぜられた時、慶喜公の御身の上を憂慮して、その御家政の整理に努め、また静岡藩政に尽力し、私が仏蘭西から帰って静岡で商法会所を起した時にも、大に庇護せられた人である。私に共有金の取締を嘱託せられたのは、それらの関係からであらうが、私はこれが為め今日に至るまで、引続き東京市養育院の経営に当たることとなった（中略）。さてそれには相当の費用を要するが、維新早々の際とて、東京府にはその費用を支出する余裕もなかったから、大久保知事は右の共有金取締の人々と協議して、その金を充用したのである。かく共有金は養育院の費用となったばかりでなく、その前後に於て東京の道路・橋梁・墓地・瓦斯等の施設を始め、種々の公共的事業に用ひられて大に効果を挙げたが、私は抑ゞこの共有金なるものは如何なる性質の金であらうかと考へて、その後養育院幹事の安達憲忠氏（第4章で詳述。）をしてその由来を調査せしめたところ、これこそ天明・寛政・年間に於ける幕府の老中松平越中守定信、即ち楽翁公の善政の余沢であることを明らかにした。（中略）その金額は、地所・金穀を合して大約百四十餘萬円であったと思ふ。[158]」と記している。渋沢は、共有金のルーツが定信にあったことを、大いなる驚きと共に見出したのであった。

次に白川藩主の松平定信が、幕府老中に就いた半年後となる天明8年（1788）、江戸の霊巌島吉祥院の歓喜天に奉納した「願文」を挙げる。この願文は定信の命により密封されていたが、その死後、天保9年（1838）に開封され、初めて世の中にその内容が知られることとなる。[159] 以下、定信の悲壮かつ真剣な決意が伝わる為、まず原文を挙げ、その後、現代語訳を記す。

「天明八年正月二日松平越中守奉懸一命心願仕候、當年米穀融通宜しく格別の高直無之下々難儀不仕安堵静謐仕竝に金穀融通宜、御威信仁恵下々え行届き候様に越中守一命は勿論之事、妻子之一命にも奉懸候事必死に奉心願候事、右條々不相調困窮御威信御仁徳不行届人々解體仕候萬々御座候はば、只今之内に私死去仕候様に奉願候、生ながらへても中興の功出来不仕汚名相流し候より、只今の英功を養家之幸並に一時之忠に仕候へば死去仕候方却反つて忠孝に相叶ひ候義と奉存候、右の仕合に付き以憐愍金穀融通下々不及困窮、御威信御仁恵行届、中興全く成就之義偏に奉心願候　敬白」（原文）。

「天明八年正月二日。松平越中守の一命に懸けて心願があります。今年のお米の融通がうまくゆき格別の高値無く安定し、政道の権威が保たれて下々にも行き渡りますよう、私自身の一命は勿論のこと、妻子の一命にもかけ、必死に心願致します。右のことがうまく行われず、万が一、人々が困るようなことがあるようなら、今すぐにでも私が死んでしまうようにお願い申し上げます。生きながらえて世の中を再生することができず汚名を流すようであれば、現在の老中という地位の栄光は養家の一時の幸い、忠義に過ぎませんから、死んでしまった方が却って忠孝にかなうと思います。そのようなわけですから、憐れみを以て経済がうまく行き、人々が困らないように政道の権威、仁恵が行き届き、世の中の立て直しが成就しますよう偏にお願いいたします。」[160]（現代語訳）。

渋沢は、この心願書を養育院の関係者から示された時の感想を昭和4年（1929）の楽翁公百年忌墓前祭の講演時、「公の確固たる御覚悟の程を知る唯一のもの」として、「その荘重な而も真剣な意気に感じ入りました」[161]と述べている。

白川藩主として定信は飢饉対策を講じて被害を抑えたが、老中に就任した天明7年（1787）は、天明の大飢饉（1782〜1788）の被害が全国に及んだ時代である。江戸はじめ全国の庶民の暮らしを守る政道を行うべく、人知れず、自身と家族の命まで懸けて壮烈な覚悟を示した定信の心意気に触れ、渋沢は感動に打ち震えたのではないだろうか。

渋沢は、定信が老中就任時の心願書で誓った仁恵への決意だけではなく、寛政の改革を契機として始まり、約八十年続いた町人の負担金を節約し、凶作への対応等、非常時に備えさせた莫大な積立金が、幕府から新政府に引き継がれ、自ら関わった養育院等の救済事業やインフラ整備の基金として恩恵を与えたことに深く感銘したのである。謂わば、仁政を追求する真摯な姿勢・精神性と共に、民を食べさせる仁政を現実たらしめたリーダーシップを大いに評価し、「あるひといふには、もしことしもまた凶年ならばいかがし侍らむと尋ものあり。予こたへていふに、外にせんすべなし。只その信を守りて、民とともに餓死するほかはなし[162]」と語った定信の遺徳を敬愛したものと考える。

2 松平定信の公益追求―七分積金・人足寄場など

前節で確認したように、渋沢は定信を名君として大いに私淑していたのであるが、当節では、定信の生涯に触れた後、定信の公益追求を検討する。

松平定信は、宝暦8年（1758）、八代将軍吉宗（1684～1751）の子である田安宗武（1716～1771）を父として江戸に生まれた。父宗武が亡くなり、定信の兄治察（1753～1774）が家督を継ぎ、安永3年（1774）、定信17歳の時、十代将軍家治の命により、白河十一万石の藩主松平定邦の養子となる。その年に兄治察が亡くなり、田安家絶家の危機にあったが、定信の田安家復帰は実現しなかった。『楽翁公傳』では、英邁な定信が将軍となることにより、自身の地位を脅かされることを警戒した老中田沼意次[163]だけでなく、自身の子である家斉（1773～1841）を十一代将軍として送り込むことを企図していた一橋治斉（1751～1827）の利害が一致し、結託して画策したとの見方を示している。[164]ここでは、定信の松平家への養子入りの背景については、主題から外れる為、これ以上の言及は避ける。

天明3年（1783）、天明の大飢饉の最中、26歳の定信は松平家の家督を継ぎ、白河藩主となる。自ら衣食住の生活において質素を旨とし、家臣にも同様の節倹をさせ、農桑養蚕を奨励し、窮民用の食糧を用意し餓死者を出さなかったといわれ、名君との評判が高まる。天明7年（1787）、30歳の時に、幕府老中に抜擢され最上位の首座となり、翌年、将軍補佐に任命され全権を掌握し、博施済衆を目指し寛政の改革に邁進する。二十歳を過ぎた将軍家斉との確執のなか、寛政5年（1793）、36歳で、老中、将軍補佐を解任された後、文化9年（1812）、55歳で、隠居し楽翁と号するまで、白河藩主として再び藩政に取り組んだ。国学、洋学、古典、美術にも造詣が深く、当代一流の政治家、文化人として活躍し、文政12年（1829）、72歳で死去し、深川霊巌寺に葬られている。

『楽翁公傳』の結語には、「惟ふに公は天明の末期、時局艱難の際に出でて幕閣の首班に立ち、至誠至忠、皇室を尊み、名分を正し、財政を整へ、綱紀を張り、風俗を改め、文武を奨励し、以て社稷を累卵の危きに救ひ、蒼生を塗炭の苦みより助け、所謂寛政の治績を挙げられたり。（中略）嗚呼公の如きは眞にこれ国家の柱石、政治家の典型と謂ふべきなり。今に至るまで挙世公の人格を崇敬し、上下公の偉績を讃嘆すること、亦宜なるかな。[165]」と記されている。この結語では、定信が関わった尊号一件[166]、異学の禁[167]、林子平の処罰[168]等については触れられていない為、定信に対して、過度の「理想的偉人」像が投影されたことによる肯定的評価とする見解[169]もある。しかしながら、渋沢は為政者としての定信が「民の暮らしを守ることを公の責任とした」ことを最大に評価していたと考える。

以上が、定信の生涯における主な出来事であったが、定信の公益追求は、どのようなものであったのか。社会的背景を踏まえ、以下、検討する。

老中田沼意次による商業重視の政策により、経済成長はしたものの、貧富の格差拡大により、農村から人がいなくなり、天明の大飢饉が発生する。天明6年（1786）、田沼は老中を辞職し、都市に流入した農民や町人による一揆、打ちこわしが全国で発生し、翌天明7年（1787）、松平定信が老中に就任する。定信の著作を通して、藤田覚[170]は、定信の田沼批判の要点を、以下の様に論じている。「「利を以て導き候えば利を以てしたがい候間、自然と下に利にのみ走り」という、「好利」の風潮こそが本質である（『物価論』寛政元年）。その「利を以て導く」とは、運上金や冥加金[171]を徴収して商品経済、流通過程に財源を求めた、商業資本を利用して利を求める意次の政策をさしている。その結果として「好利」の風潮が社会のすみずみまで行き渡り、「貴金賎穀」「労なくして金を多くうる事をこのむ」ような「本末転倒」の事態を招いたと批判したのである。[172]」と。

この定信の思想は、渋沢の『論語と算盤』にある「人情の弱点として、利欲の念より、ややもすれば富を先にして道義を後にする弊を生じ、過重の結果、金銭万能のごとく考えて、大切なる精神上の問題を忘れて、物質の奴隷となりやすいものである[173]」と警鐘を鳴らし、「経済と道徳の一致を勉むるために、常に論語と算盤との調和が肝要であると手軽く説明して、一般の人々が平易にその注意を怠らぬように導きつつあるのである。[174]」とした渋沢の思想と相通ずるものがあると考えられる。

白河藩主として天明の飢饉を体験した定信は、米価高騰と飢饉による打ちこわしに危機感を持ち、凶作が飢饉とならないよう、備荒貯蓄の重要性を背景に、天明8年（1788）、政治論である『政語』を著した。その中で、『礼記[175]』王政篇から「国に九年の蓄え無くば不足なりと曰う、六年の蓄え無くば急なりと曰う、三年の蓄え無くば国その国に非ずと曰う」を引用し、「貧民のその日にくらすものに同じ」と難じている。凶作が続き餓死者が出ているにも拘わらず、救済措置を取らなかった田沼政治を定信は、痛烈に批判し、正に国家とはいえない状態からの再建を目指した。[176]

それでは、渋沢が共感し範とした定信の公益追求とは、具体的にどのようなものであったのだろうか。

田沼時代に退廃した士風を引き締める為、太田南畝[177]の狂歌「世の中に 蚊ほどうるさき ものはなし ぶんぶというて 寝てもいられず」に代表されるように、武士に文武を奨励し、農民、町民には質素倹約を求めた。定信が行なった寛政の改革における種々の施策のうち、渋沢の養育院における取り組みに影響を与えたと思われる（1）町会所、（2）七分積金、（3）人足寄場の三施策について、以下、検討する。

まず、（1）町会所は、寛政4年（1792）、江戸の向柳原馬場跡地に町会所と籾蔵二棟を完成させたのが濫觴とされる。町会所は老中支配のもと、両町奉行、勘定奉行、勘定吟味役が指揮監督を担当し、両町奉行所、勘定所から町会所掛が派遣された。また、両替商等の有力商人から選ばれた勘定御用達が実質的な運営責任者となり、御用達に協力する町会所担当の任期制の年番名主がおり、地主、名主から選ばれた座人が実務担当者として御用達を補佐した[178]。この町会所の役割は、①囲籾、②貸付、③窮民救済の三つであり、以下、検討する。

①囲籾は、江戸の町人人口50万人×30日分の食糧備蓄を目標とし、必要となる67500石の白米収納の為、向柳原に12棟、深川新大橋向に11棟の蔵を建設した。備蓄米の購入・管理は御用達商人に委託した。囲籾の備蓄量は、寛政期（1789～1801）から文化5年（1808）頃まで増加し14万石で推移し、天保の飢饉（1833～1839年）を境に、天保8年（1837）、4万石まで減少するが、弘化2年（1845）に30万石を超えた。

②貸付については、一つが、幕府からの下げ渡し金を御用達商人が分割して保管し、地主、身元の確かな町人に貸し付けた公金貸付である。もう一つが、町会所の必要経費を賄う為、町入用（後に詳述する。）の節約金を原資とし、土地、地代、店賃を担保として、町人、御用達商人、儒者、医師、御家人等に貸し付けた積金貸付である。ともに、備荒貯蓄の補助機能として行なうのが幕府の原則であり、江戸時代を通じ最大の金融機関であった。

③窮民救済には、一つが、日常的に独身、長病の困窮者、捨子、寡婦、身体障害者等に対して、米と銭を与える定式救済があり、もう一つが、飢饉、疫病、大火、地震、風水災等、非常時の都市部下層民の一部の被災困窮者を救済する一部臨時救済、さらに飢饉、物価騰貴、疫病、地震等により困窮した下層民全体を対象とした臨時救済があった。

以上の①囲籾、②貸付、③窮民救済を担った町会所が、天保の飢饉時、数十万人に対して玄米の支給等を行い、全国で頻発した一揆、打ちこわしは江戸では起こらず、町会所の運営は明治初頭まで続いたのである。[179] まさに、定信が作らせた町会所による社会貢献は大きなものがあり、大いに評価されるべきものであると考える。

次に、（2）七分積金であるが、その前提となる町入用と地主の収入について述べる。寛政期（1789～1801）、江戸は、武士・町人を合わせ100万人の人口を擁する世界一の都市であり、1600以上の町には、それぞれ町名主がおり、自治組織が整っていた。この町の施設や運営の費用が町入用[180]である。その負担基準は、寛政３年（１７９１）の町法改正により、小間割（間口割）とされ、本町人と呼ばれる地主・家持町人が負担し、長屋に住む店借人の負担はなかった。[181]また、地主の収入については、地代・店賃から借家の管理人である家守の給金を差し引き、更に前述の町入用を差し引いたものが手取り収入となっていた。

幕府は政治課題である物価引下げを目指し、地代・店賃の引き下げの財源として、また、社倉[182]設立の為の財源としても、町入用を減額することを考えた。寛政２年（１７９０）、町ごとに地代・店賃、町入用、地主の手取り収入の実態調査を行い、様々な議論を繰り返し、翌寛政３年（１７９１）４月、北町奉行所に名主、地主等を呼び、先述の町法改正を申し渡し、具体的な町入用の減額を提示した。その後、幕府内部で、町入用減額分の配分について検討が為され、定信の「地主は少数で一般商人が多数なのだから、その多数から支持されるような配分にすべき」という主張を踏まえ、町奉行・勘定奉行の評議により、七分積金の法が出来上がった。その内容は、町入用減額分のうち、７０％を災害に備えた囲籾を含む積金、[183]１０％を町入用増金、２０％を地主手取り金とする取り決めであった。同年１２月、南町奉行所に名主等を呼び七分積金の法を申し渡し、翌寛政４年（１７９２）、先述の町会所と籾蔵を完成させ、七分積金[184]が始まり、江戸の災害に備えた常設の救済機関が完成することとなったのである。

続いて、（3）人足寄場については、まず、定信の著書から時代状況を見たい。自叙伝『宇下人言』には、「天明午のとし（天明6年）、諸国人別改られしにまへ之子之とし（安永9年）よりは諸国にて百四十万人減じぬ。この減じたる人みな死うせしにはあらず、只帳外となり、又は出家山伏となり、又は無宿なり、又は江戸へ出て人別にもいらずさまよひありく徒とは成りにける[185]」とある。安永9年（1780）から天明6年（1786）まで、諸国の人口が140万人減少し、天明の飢饉時（1782〜1787）、生活の出来なくなった多数の農民が、江戸へ出て無宿となり、大きな社会・治安問題となっていた。幕府は、これまでも打ちこわしの主体となる無宿人対策を行っていた。享保期（1716〜1736）には、八代将軍吉宗が、無宿人の収容施設となる溜設置と大名による無宿人の引き取りは構想のみで実施には至らなかったが、諸藩による追放刑を制限し、無宿人の発生抑止に繋げた。田沼時代（1767〜1786）においても、無宿人を佐渡金銀山に送り水替人足[186]とし、深川に無宿養育所[187]を設置した[188]。この無宿養育所は、後の人足寄場に繋がるのであるが、定信が、「この寄場の事をいはんに、これまで狩込とて時々無宿をかりとりて、溜なんどへ打入れてをきしに、すでにわが職を蒙りし比尋ねしに千何百人とありしが、そのうち千人ほどはみな疾みて死せりといふ。一年に千人もその溜にて死なんは不便の事なり[189]。」と記しているように、老中就任時は、悲惨な状況であったようである。老中就任の翌天明8年（1788）、定信は溜に収容されている無宿を刑の執行後も釈放せずに、順次佐渡へ水替人足として送り込み、翌寛政1年（1789）

には、溜に収容される無宿の増加に対応し、「無宿片付」を諮問した評定所一座の反対を押し切り、臨機の処置として、江戸出生の無宿49人を伊豆諸島に送付した。その後、恒久的な無宿対策として、寛政2年（1790）、火附盗賊改長谷川平蔵(190)の献言を入れ、無宿等不穏分子に対する懲治監的な予防拘禁施設として、人足寄場を設置した。(191)鉄砲洲向島に設置された人足寄場創設の考え方は、無宿人の授産・更生という社会福祉的な理念であり、寛政4年（1792）からは寄場奉行のもと、南北の町奉行所から寄場掛同心が勤務していた。収容人数は、寛政・文化・文政期が140〜150人程度、天保の飢饉後は400〜600人に上り、収容者も無宿人から有罪受刑者が増加し、授産・更生から犯罪者的浮浪者の懲役刑的施設へと変化した。寄場の必要経費の収入源となる油絞等の労賃は、製品売却の2割を道具代諸費用として差し引き、残り3分の1は強制的に貯金させ出所時に収容者に与え、毎月3日間の休日には心学者(192)の道話を聞かせた。

平松義郎(193)によれば、人足寄場は無宿人の犯罪を予防し、正業に就かせるべく職業訓練を施し、さらに自由刑の執行場へと変化していったとする。その運営は、日本人の慈悲深い温情によって行われ、西洋の人道主義・博愛主義による近代的監獄制度に通じ、明治以後の監獄の近代化にも繋がったと述べている。また、吉川経夫(194)によれば、この制度は、矯正施設としてわが国独自のものであり、世界に誇るべきものであるとしている。(195)幕府倒壊後の明治1年（1868）には、新政府の鎮台府(196)の所属となって継続していくのである。

このように定信が行なった囲籾、貸付、窮民救済を実施した町会所、災害時に備えた七分積金、治安対策、授産施設としての人足寄場がどのように渋沢の公益思想と施策に影響を与えたのかを次節で検討する。

3　渋沢の公益追求における松平定信の影響

前節で述べたように、定信は、町ごとに地代・店賃、町入用、地主の手取り収入の実態を調査し、幕臣の多数意見を尊重し、少数意見に耳を傾け、方向性を集約していった。このような定信の政策決定におけるスタイルは、渋沢の主張した合本組織[197]と軌を一にする。明治34年（1901）、渋沢が創刊した『東京市養育院月報』の編集を内閣統計局の田中太郎に委ね、明治41年（1908）に実施された田中の欧州社会事業調査を援助し、その後、大正8年（1919）には、田中を養育院幹事として迎え、種々の施策を推進したこととの類似性は興味深い。大谷まことは、「渋沢が会頭をしていた商業会議所等の団体の機関誌などには、常に多数の調査や統計資料が掲載されていた。おそらく当時の日本において、渋沢ほど調査・統計の重要性、有効性を熟知していた社会事業家はいなかったのではなかろうか。[198]」と指摘している。

寛政の改革を断行した定信と養育院の確立に至る渋沢は、実態を調査し、幅広い意見を聴取し、専門家の知見を利用し、政策を検討・遂行していくという点で共通している。（養育院の詳細は第4章で後述する。）

天明5年（1785）、定信が白河藩政の改革に成功し、江戸に出府すると、その政治手法を参考にしようと訪れる田沼政権に批判的な大名を集めて、日本で初めてといえる政策研究会的なものを形成している[199]。対して、町会所の資金を引き継いで設けられた東京会議所の共有金取締となっていた渋沢も、明治8年（1875）、「東京会議所改革意見上申書」を当時の大久保一翁府知事に提出[200]している。そのうえで、明治11年（1878）、「実業界の問題を多数の人々によって相談して公平無私に我が国商工業の発展を図らなければならない」と主張し、東京商法会議所を設立しているのである[201]。個々の企業を超えて、業界あるいは国家レベルで政策提言をしていく手法は、定信の大局に着眼し幅広く情報を集め、寛政の改革を推進した姿勢と重なる。公益推進の在り方において、渋沢自身と定信の手法が共通していることも含めて、優れた為政者として定信を顕彰すべく『楽翁公傳』を発刊し、定信を祀った南湖神社創建[202]の寄付を率先して行ったのではないだろうか。定信を「院の恩人」とする養育院でも、明治43年（1910）から定信の命日を特別の日と位置づけ、昭和6年（1931）に渋沢が没する時まで、毎月13日に記念行事[203]を行なっていた。

藤田覚[204]は、「「仁政」である七分積金による町会所囲籾も飢饉時の民衆の打ちこわし・騒動を阻止することにおもな目的があったのであり、たんに情け深い政治の結果ではない。（中略）だが、民衆の生活をギリギリのところでは保障する仕組みを作らせたことは、（中略）天明期の民衆の運動の成果であるとともに、そこに鋭く危機を感知した定信の優れた政治能力の結果[205]」と指摘している。正に為政者としての定信が、「民衆の生活をギリギリのところでは保障する仕組みを作らせた」理念こそ、養育院を護り育てた渋沢の公益思想を支えるバックボーンとなり、その実践は定信を範としたものとなったと考える。

最後に、老中、将軍補佐を退いた後、定信が再び白河藩主として、取り組んだ福祉政策を二つ挙げる。定信が藩主となる前から、白河地方では困窮のために生れた子どもをすべて育てられない為、押し殺し（間引き）をし、人口減少による人手不足の為、農村荒廃が深刻であった。寛政１１年（１７９９）、領内に「御百姓心得方中聞書覚写」を出して、生まれた子どもは必ず育てること、困窮で結婚できない者には金三両の拝借金を貸し付ける等を達した。また、江戸の霊厳寺から贈られた、子どもを殺した者が地獄に堕ちる様が生々しく描かれた「絹本著色受苦図」の絵を利用し、間引きが鳥獣にも劣り、人として絶対にしてはならないことを農民に教示した。さらに人道上の倫理の問題としての理念を示すだけではなく、貧しくて子どもを育てられない親の為に、領内の豪商である内藤平左衛門が自費で始めた赤子養育料の支給を引き継ぐ形で、藩として制度化した。領内の人口が３５００人程増加したとの定信の記録があり、人口政策は一定の成果があったと思われる[206]。

藩主として、倫理道徳面の教化と経済的支援を組み合わせて実施したことは、老中として、人足寄場ににおいて授産と心学講義を同時に行なったことと共通している。このような定信の物心両面に亘る民への慈恵、即ち仁政こそが、渋沢の養育院における取り組みに影響を与えたと思われる。

渋沢は定信を知ることによって、為政者の公益思想とは、生まれてきた者は、誰一人として取り残さず、全ての民を保護救済すべきであると捉えたのではないだろうか。だからこそ、養育院における取り組みが、次章で詳述するように、保護養育、障がい者支援、感化事業、倫理教育、看護、医療等、幅広い範囲に亘った公益事業となったと考える。

注　第3章

(150)渋沢栄一『楽翁公伝』、岩波書店、1937年、6頁。

(151)日本大百科全書：1865〜1939年。明治から昭和初期の歴史学者。『白川楽翁公と徳川時代』を刊行。『明治天皇御記』編修を主宰。

(152)日本大百科全書：1860〜1924年。国史・国文学者。『国学和歌改良論』(共著)、『日本史講話』を刊行。

(153)みんなの家系図：松平定信から6代目となる松平定晴。(1885〜1953年)

(154)日本大百科全書：1895〜1984年。大正・昭和前半期の歴史学者。『国史学の骨髄』、『建武中興の本義』等で皇国史観を主張。

(155)20世紀日本人名事典：1885〜1970年。大正・昭和期の日本史学者。『江戸幕府鎖国史論』、『徳川家康文書の研究』を刊行。

(156)植村美洋『渋沢栄一と松平定信』、現代書館、2022年、185〜188頁。

(157)日本大百科全書：1817〜1888年。幕末・明治前期の政治家。500石の旗本。東京都健康長寿医療センター『櫻園通信』7、老年学情報センター、2013年10月に、幕末開港後、洋学の中心機関として蕃書調所が設置され、その総裁であった大久保が、西洋の社会救済制度を参考にした「病幼院創立意見」を幕府に提出したが、実現しなかった旨の記載がある。

(158)渋沢栄一『楽翁公伝』、岩波書店、1937年、2〜5頁。白河市歴史民俗資料館編集『松平定信と渋沢栄一〜時代を超えたつながりと白河〜』、白河市、2022年、23頁には「明治維新を迎えた際には、現金・貯穀・土地を合わせ約140万円(当時と現在の米価比較で推定約100億円)となっており、これが東京府、のち東京市が管理する「共有金」となって東京の街のインフラ整備などに活用された。」と記載あり。

(159)同掲書、97頁。

(160)地方独立行政法人東京都健康長寿医療センター『櫻園通信』、24号、2015年6月、1頁。

(161)渋沢青淵記念財団竜門社編デジタル版『渋沢栄一伝記資料』、第49巻、122〜132頁、渋沢栄一伝記資料刊行会、2016年。

(162)松平定信著 松平定光校訂『宇下人言・修業録』、岩波文庫、1942年、75頁。

(163) ウィキペディア：1719～1788年。江戸時代中期の旗本、大名、江戸幕府老中。遠江相良藩の初代藩主。
(164) 渋沢栄一『楽翁公伝』、岩波書店、1937年、39～40頁。
(165) 渋沢栄一 同掲書、429～430頁。
(166) 日本大百科全書：寛政1年（1789）、光格天皇が父の閑院宮典仁親王に、太上天皇の尊号を贈ろうとしたが、太上天皇は、天皇退位者に贈られるべきもので、皇位を踏まぬ典仁親王に贈ろうとするのは名誉を私するものとして幕府が反対した。
(167) 日本大百科全書：寛政2年（1790）、幕府直轄の学問所である昌平黌において、封建教学として朱子学のみを講究し、朱子学以外の学問を禁ずる旨を達した。幕府内部の規制であり諸藩へ強制はしなかった。
(168) 日本大百科全書：寛政4年（1792）、外圧に対する先駆的著述『海国兵談』を危険の書として、版木・製本を没収し、著した林子平を蟄居に命じ、翌年、子平は亡くなる。
(169) 千葉大学留学生センター『千葉大学留学生センター紀要』第3巻、見城悌治、「近代日本における「偉人」松平定信の表象」、1997年3月。
(170) ウィキペディア：1946年～。日本近世史学者。文学博士。東京大学名誉教授。
(171) 百科事典マイペディア：運上金とは、商業、工業、運送業、漁業等の従業者へ一定の税率で課した営業税。冥加金とは、醤油屋、質屋、旅籠屋等営業を許可した商工業者から上納させた献金。
(172) 藤田覚『松平定信 政治改革に挑んだ老中』、中公新書、1993年、5頁。
(173) 渋沢栄一『論語と算盤』、角川ソフィア文庫、2008年、138頁。
(174) 同掲書、137頁。
(175) デジタル大辞泉：儒教の経典として最も尊重される四書五経の一つ。
(176) 藤田覚 同掲書、50～52頁

(177)ブリタニカ国際大百科事典：1749（寛延2）～1823年（文政6）。号は蜀山人、狂歌名は四方赤良。平賀源内に認められた文人。寛政の改革を進めた幕吏でもあった。
(178)植村美洋 同掲書、55～57頁。
(179)同掲書、57～62頁。
(180)藤田覚 同掲書、77頁には、「現在の一部国税も含む住民税に相当し、町内会費とか自治会費などとは大きく異なる。」との記述がある。
(181)植村美洋 同掲書、51～52頁。
(182)大谷まこと同掲書、62頁によれば、「社倉とは、多数の者が任意に身分相応に穀物を出し合って居村処々に貯蔵し、自治的に処理する備荒貯蓄を言い、宋の時代、朱熹の奏議に始まる」とされる。
(183)同掲書、63頁によれば、「三万七千両余の町費節減高の十分の七たる二万二千二百両余を、毎年積立てていくことを布告し」とある。
(184)藤田覚 同掲書、77～80頁。
(185)松平定信著 松平定光校訂、同掲書、114頁。
(186)Weblio辞書：江戸時代の鉱山における人足。坑内にたまる水を排水した。
(187)南和夫『江戸の社会構造』、塙書房、1969年、81頁によれば、「「無罪之無宿」を収容し、それぞれの出生地に送りかえすまでの収容施設として設置され（中略）保安処分というべき性格の強いもの」とされる。
(188)植村美洋 同掲書、63～64頁。
(189)松平定信著 松平定光校訂 同掲書、118頁。
(190)日本大百科全書：1745～1795年。江戸後期の旗本。
(191)南和夫『江戸の社会構造』、塙書房、1969年、84～90頁。

(192) ブリタニカ国際大百科事典：心学とは、中国南宋の陸象山、明の王陽明の学問。日本では、江戸時代に庶民道徳を説いた創唱者石田梅岩の名を取り、石門心学をいう。
(193) ウィキペディア：1926～1984年。法制史学者。名古屋大学教授。
(194) ウィキペディア：1924～2006年。法学者。法政大学名誉教授。
(195) 植村美洋 同掲書、65～69頁。
(196) ブリタニカ国際大百科事典：江戸開城時に置かれた官軍の軍政機関。
(197) 東京商工会議所HP「渋沢栄一の生涯と東京商工会議所」には、「個人主義に基づく利潤の追求ではなく、国家社会全体の利益、すなわち公益を増加させることを第一とし、最も適した人材と資本を集めた組織のこと。」とある。2022年10月閲覧。
(198) 大谷まこと 同掲書、125頁。
(199) 植村美洋 同掲書、10頁。
(200) 松岡英夫『大久保一翁 最後の幕臣』、中公新書、1979年、217～219頁。
(201) 東京商工会議所HP「渋沢栄一の生涯と東京商工会議所」による。
(202) 植村美洋 同掲書、173頁によれば、神社の工事費4万5千円のうち、渋沢が1万円を寄付し、大正12年（1923）に創建されている。
(203) 大谷まこと 同掲書、61頁。
(204) 注（170）と同。
(205) 藤田覚 同掲書、85頁。
(206) 植村美洋 同掲書、86～87頁。

第4章　養育院の確立と運営実態の変遷

1　養育院創設までの経緯と揺籃期——本郷期（1868~72）

明治1年（1868）9月に開庁された東京府の二代目府知事大木喬任[207]は、明治維新前後の混乱により救済が必要となった窮民救済の為、明治2年（1869）に深川、三田、麹町、高輪の4か所に臨時の「貧院」を設置し、（設置直後に「救育所」と改称。）生活規則を設けて食事を与え、医療設備を整え、職の斡旋による自立更生を促し失業対策とした[208]。

この臨時の救育所については、現在の東京都港区の区史に記載があり、以下、引用する。「武士階級の没落による武家地の荒廃に象徴されるように、東京市中の衰微はおびただしく、乞食、浮浪化した民衆が激増したのは当然であった。社会的基盤が弱体であった新政府にとって、失業士族の救済、つまり士族授産は切実な問題であり、治安対策のうえからもこれら窮民に対する救済策は急を要する課題であった。このとき寛政三年老中松平定信による江戸の町費節約を契機に発足した社会救済事業の機関であった町会所[209]の七分積金制度が利用され（中略）収容者への食糧支給には町会所囲い籾が利用された[210]。」とある。

その後、東京市中の荒廃により、救育所経営の財源となる積金を負担する地主達が、地代家賃収入を減少させる不安定な状況となり、財政上の問題で、明治4年（1871）に救育所は廃止される。[211]翌明治5年（1872）5月に町会所が廃止され、8月に大蔵省の内諭により町会所に代わる営繕会議所が設立され、七分積金を共有金として管理することとなる。その直後、当時大蔵少輔渋沢の上席であった大蔵大輔井上馨[212]から布告があり、本来の窮民救済に加え、「道路・橋梁・水道の修理改築等、新規の営繕事業」に町会所積金を利用することとなった。

営繕会議所設立の目的は、救育所廃止後、官民双方から永続的な救済施設が要望されている折柄、「貧困者を救済する恒久的な施設」を設けるためとされた。この営繕会議所設立と同時に大蔵省から東京の富商15名が、委員（頭取6名、営繕掛9名）として任命され、三井組が五街道の基点となる日本橋の架け替え完成等の営繕事業を行っている。[213]

このような状況の下、東京府五代目府知事の大久保一翁は、営繕会議所に救貧策を諮問し、会議所は、以下のような「救貧三策」を答申する。

①工作場を開く：東京在籍の者を対象に有志を募り彼等に会社を作らせる。
②日雇い会社：仕事として、人力車をひかせる・草刈りといった労役を用意する。この会社の雇用者には労働のできる施設入居者と一般の困窮者とを採用して、継続した仕事につかせる。
③老幼廃疾窮民を救育す：廃疾老幼には環境のよいところに「長屋」を建て、病者には医薬を与え、

幼児には先生を用意して学習させる。[214]

上記三策は、工作場で就労の機会を提供し、日雇い会社で労働可能な長屋の入居者と一般府民を採用し、病気になれば治療し、死亡すれば埋葬の世話をする等、窮民を「人間として養い育てる」理念があった。

折しもロシアのアレクセイ大公の訪日直前の明治5年（1872）年10月15日、本郷の元加賀藩邸に浮浪者を集めて収容し、上述の「貧困者を救済する恒久的な施設」は、営繕会議所附属養育院として創設された。

第1章で述べたように幕末の渡欧により、救貧施設の必要性を認識していた渋沢栄一、それを認め布告を出した井上馨、府知事として営繕会議所へ救貧策を諮問した大久保一翁、その答申を行った三野村利左衛門[215]をはじめとする営繕会議所委員等の知恵と責任感の結集として養育院は成立したといえる。言葉を替えれば、養育院は、楽翁公以来、連綿と引き継いで来た町会所の七分積金（共有金）の使途に対する当時の大蔵官僚、府知事、営繕会議所メンバーの使命感が産んだ施設と考える。

明治5年（1872）に、営繕会議所は東京会議所となり、その後、渋沢は、共有金を管理する東京会議所共有金取締となり、養育院と関わることとなる。明治6年（1873）に、渋沢は、明治政府を退官し、官から民の実業界へと転身した。そして、第一国立銀行を開業させ全責任を負う総監役に就任し、抄紙会社を創立する等、日本の近代化の基盤づくりに奔走する。

この多忙を極めた時期に公益事業である養育院と関わりを持つことについて、「養育院の事業に対しては勿論経験などのあらう筈は無いが、社会政策として斯くの如き事業は是非とも発達せしめなければならぬとの考へは有つて居ったので、忙しい私の身体として養育院の事業に関与する事は、単に一身上から見れば不利ではあるけれども、社会の為と思うて進んで院長をお引き受けした訳である。[216]」と後年、語っている。この言葉には、社会のリーダーとして、国と民を思う渋沢の矜持が感じられる。

2 営繕会議所から東京府の管轄へ——上野期（1873〜79）

明治5年（1872）10月に、本郷の元加賀藩邸に浮浪者を集めて収容し成立した営繕会議所附属の養育院であるが、どのような人々が救護されたのであろうか。その年末までの救護者は、男性295名、女性18名の合計313名であったが、年代別には、1〜15歳が97名、16〜50歳が173名、51〜80歳が19名となっており、性別・年齢も異なる人々である。[217] 自治組織である町会所の理念をルーツに持ち、特定の宗教や思想に依らない営繕会議所が主体となって発足した養育院は、孤児院、養老院、病院といった共通した一定のニーズを持つ人々を収容する施設ではない。謂わば、それらを含む多様な人々を収容する施設として開所している。この事実こそが、その後の半世紀を超える渋沢の生涯を懸けた尽瘁を必要とすることに繋がるのであるが、まずは、養育院の歩みを概観する。

元加賀藩邸に収容された人々のうち、東京出身以外の142名は其々の地元に帰されたが、東京出身の171名は、「長屋」（養育院）が出来るまで、江戸時代における軽犯罪人の重病者を対象とした救療施設である浅草溜へと移送される。その後、移送者は、死亡・親類縁者のひきとり・仕事の独立等の理由で減少し、翌明治6年（1873）2月、残された114名が、東京会議所委員達により決定され、上野の護国院に完成した養育院に移転することとなった[218]。

ここで注目すべきは、会議所委員等は、理想的な救済施設を目指し、一か所に集めた路上の人々に集団生活をさせる為、様々な規則・心得をつくっていることである。そのうちの一つ『養育院掟書』には、養育院開所の視察後、大久保府知事が、「人の万物に勝れたるは相親しみ相助くるの心あるゆえなれば常に我が身に費やす衣食住の世の恵みにむくわんと心がけ 何業なりとも 世のためとなるべきこと 勤めて怠るまじき事[219]」と書き加えている。また、『患者の心得』には、「各自不幸にして家産を相傾け候上は許多の苦労も可有之候得共苦心は疾病の為に大害なれば、当院は父母の家と相心得安心して加療すへき事」とある。

ここには先日まで路上で寝起きしていた元乞食や元物貰いの収容者に対する蔑視の視線はなく、救護者一人ひとりを人間として尊重し大切にする情愛の眼差しと温かい心があり、正しい生活に導くための指針が見られる。これを武井優[220]は、「養育院精神[221]」と読み解いているが、この「養育院精神」を受け継ぐのみならず、大きく発展させたのが、渋沢栄一であろう。

その後、上野の養育院は各区から依頼された行旅病人や棄児を受け入れ、乞食の救護、身体障がい者の救済を申請し、明治8年（1875）末の在院者は572名と増加するが、府からの払下げにより敷地を確保し、三野村等委員の寄附により、婦人室、子ども室を増築し、本所の町医者である村上正名[222]の協力を得て医療体制も整えていくのである。

前節の「救貧三策」の「日雇い会社」は、設置希望者が浅草溜で開始し、在院者と一般希望者が仕事に就いたが、明治7年（1874）廃止され、道路修理・人足仕事・谷中墓地・公園掃除は、名称を変え、養育院力役場として引き継がれる。「工作場」は、明治6年（1873）2月に本院開設後、委員の西村勝三[223]の指導による製靴作業をはじめ、委員等の奔走により、紙漉き、草鞋づくり、網漉き、マッチ箱作り等を院内労働として授産を行った。労賃の一部を自立への資金として会議所が預かり、規則通りの金額まで貯まれば委員了承のもと独立させた。このことは、その後も踏襲されることとなった[224]。

上記のように会議所委員は、「救貧三策」の具体化に尽力していたが、一方で、発足当初から東京府の都合により、その意志が貫徹しない状況に不満を持っていた。運営主体の東京会議所を府民総意の自治機関にすべきという要求が表面化してきたのである。しかしながら、明治7年（1874）と翌年に、府民選出による議員の府会設立の上申書を受け理解を示していた大久保が、自由民権運動を警戒した政府により、府知事の任を解かれ、教部少輔(225)となり転出させられてしまう。

会議所では投票により、渋沢が会頭に選出され、明治9年（1876）に、渋沢は府庁から養育院事務長を命じられるが、会議所が担っていた養育院を含む社会事業、商業教育事業、街灯事業、道路橋梁修繕、共同墓地事業の全業務と共有金の残金は東京府に還納されることとなった。

明治11年（1878）になると、新たに編成された東京府内の区郡から府会議員を選出する東京府会が設置されることとなり、東京会議所（元営繕会議所）は解散する。渋沢は元の会議所議員を率い、初の商工業者の団体「東京商法会議所」（現東京商工会議所）を発足させる。

運営主体が、東京会議所から東京府に移った養育院にも大きな変化があり、明治12年（1879）、上野の本院所在地に博物館建設を決めた文部省の要請により、上野護国院から神田和泉町に移転することとなった。(226)

3　渋沢の建議書と妻・千代の貢献―神田期（1879〜85）

明治9年（1876）、東京府に移管された養育院の経営は、明治11年（1878）まで共有金の利子で賄われていたが、同年の地方税規則公布により、神田和泉町に移転した明治12年（1879）からは、共有金が地方税に吸収され、その運営経費は、地方税から支出されることとなった。[227] 明治14年（1881）に、成島柳北[228]が主宰する『朝野新聞』に、「公的貧民救助必要論」と題して「貧民を救助するのは社会の義務」とする論調の記事が掲載される。これは、納税不可能な者も同じ国民なのだから、税金を遣って救済しようと考える渋沢と同じ視点である。この記事の報道後、府会議員である田口卯吉[229]が、自ら社主である『東京経済雑誌[230]』に、「朝野新聞を読む、公的貧民救助必要論を駁す」と題して「租税をもって貧民を救おうとすべきではない。現時500人を養育院に養うのに2万円の地方税を費やすも貧民の十分の一も養うことができない。その多くは社会の慈仁者が養っている。この事実を知れば社会に託すのはやめるべきだ」と主張した。自由主義経済学を信奉する田口の考えは、地方税は町民から徴収した貴重な血税であるため、養育院に使用せず、在院者は地域の篤志家にまかせればよいとしたのである。

この時代の経済環境はどのような状況であったのであろうか。第2章第3節で触れたが、この新聞論争のあった明治14年（1881）に、松方正義が大蔵卿に就き、不換紙幣の整理と財政赤字削減の為の増税により、通貨は縮減しインフレからデフレへと景況が変わる。米価等農産物価格の下落により没落した中小農民層は、官営工場払下げを受けた政商の賃金労働者や寄生地主の小作人として、取り込まれることとなった時期[231]である。さらに政府は、北海道開拓使の官有物払下げ事件[232]をきっかけに激化した自由民権運動[233]の鎮圧の為、監獄費や警察費を膨張させ、その費用を地方税に回し、不況に苦しむ府民を更に圧迫することとなっていた。

このような社会状況にあって府民の住民税軽減の対象として、教育・慈善事業の削減が議論されることとなった。養育院では、地方税経営となった明治12年（1879）こそ、要求金額は定員数超過の為、修正増額となったものの、翌年は予算が減額される。明治14年（1881）になると、495名の在院者に対して、400名分の予算しか計上されず、厳しい入院制限が課せられ、労働可能な者は、身寄りの有無に関係なく退院させられることとなった。そして、翌明治15年（1882）の東京府議会で、初めて養育院処分案がとりあげられる。

この時点で養育院には、病気の高齢者や身寄りがない人、身体に障がいのある人や子どもも含めて行き場のない人達292名が残っていた。貧窮民の実態調査の為に設置された調査委員会は、神田和泉町の養育院を視察した。先述の田口に加え、府会議長の沼間守一[234]が率先して、「社会には年々貧困者が増えてくる。それをいちいち救済していては、府の富が足りるはずもない。貧民は仕事をしないで怠けているから貧困になる。救済すれば、懶怠の民を作るようになる」と、貧困となる社会の在り方を問わずして、自己責任論を振り翳し、養育院の廃止を唱えたのである。

これに対して、養育院事務長である渋沢は、廃止反対派のリーダーとして人道上の見地から、かつて視察した欧州の施設例を挙げ、「日本の首都たる東京に、この程度の窮民救済施設は絶対に必要である。」と養育院存続を訴え、この年の府会では廃止反対派が上回り廃止は免れることとなった。

しかしながら、明治17年（1884）10月の東京府議会で養育院の全廃が決議され、翌年6月末で養育院への地方税支出停止が決定される。しかも全廃を決定した三か月後の9月には、吉川顕正府知事[235]が、満4歳以上の棄児・捨子の養育を養育院に通告している。養育院を必要とする東京の実情を無視した府知事・府議会に対して、渋沢は、明治18年（1885）2月、府知事宛に「養育院廃止に対する建議書」を提出する。[236] この建議書には、実業家として多忙を極めるなか、無報酬で養育院事務長を務める渋沢の公益に対する思想・考えが良く表れていると思われる。以下、現代語訳[237]を挙げる。

「貧しい人を助け、苦しむ人を救うのは、社会を維持するうえで必要な政治の仕事です。首都東京にこのための施設がなければ、貧しい人は頼るところがなく、街角で飢えて凍えて死ぬ人が出るのはやむをえないでしょう。このため、明治の初めに上野に養育院が設置されました。養育院はその後神田の和泉橋の所に引っ越し、今日に至っています。その間に収容人員はいろいろ変わっていますが、東京の貧しい人は頼りにしていて、街頭で亡くなる人がいないのは養育院のお蔭です。明治16年に府会は、この人を救う力となっている施設を、漸次、無くすように決議し、在院者を出院するよう仕向け、わずかに残った人は寝たきりの弱った人達だけとなりました。過去のことを思い起こし、将来のことを考えると、無くしてはいけない施設なのです。それなのに現在の当院の様に府会の決定で、物言わぬ困窮者を顧みず、税金を浪費するからと言って無くしてしまうのは、養育院を設立した趣旨に背いています。これまでの経験から、仮に収容者を155人とすると、一年間の費用を見積もっても、4500円に満ちません。また、養育院は街頭の病人、捨子を収容して保護してきましたが、上記の金額を超えても3800円未満です。府の管理する共有金・土地の売却・寄付金などの利息だけでこれらの資金は賄うことができるのです。こうすれば地方税にあまり負担をかけないで永く人々を支える施設を運営することが出来ます。このように考えて別添の概算書を付けて養育院の存続を提案いたします。」とある。

この建議書にある「過去のことを思い起こし」とは、第3章で先述した通り、松平定信が江戸町民の福利厚生を目的に積み立てさせた七分積金を淵源とする共有金が養育院の経営資本であることを指していると思われる。また、「養育院を設立した趣旨に背いて」とは、本来、府民生活の為に使うべきこの共有金が、明治12年（1879）に地方税に吸収され、わずかその6年後、この建議書提出の年に、移管したはずの地方税から養育院への支出が停止されたことに対する糾弾と考える。

経済的に困窮した人々、疾病に苦しむ人々、身寄りの無い高齢者、親に捨てられた幼少者を救うことこそ、知事、議員たる政治家の本分であるはずである。社会のリーダーであるべき為政者としての役割を放棄したと見做さざるを得ない東京府への怒りを胸に、経営に必要な財源の裏付けとなる目論見を添えて書き起こしたものが、建議書であった。

その後、渋沢は府知事と府議会に対して、養育院を東京府から独立させ、自らの責任で継続する旨を伝える。渋沢は府から切り離された養育院をどのように経営したのかについては、次節で検討する。

この時代に、渋沢の最初の妻であった千代の養育院への貢献についても述べておきたい。渋沢の志は、千代の志でもあったと考える故である。

千代は、父尾高勝五郎と母やへ（栄一の父市郎右衛門の姉）の三女として、渋沢が生まれた翌年の天保12年（1841）に、同じ血洗島で生まれている。渋沢が儒学を学んだ尾高惇忠の妹にあたる。明治15年（1882）にコレラに罹患し亡くなっており、41年間の生涯であった。

明治9年（1876）に、渋沢が養育院事務長になっており、養育院との関係は、東京府時代の6年間であった。栄一と千代の間には二男三女の5人の子どもがいる。穂積陳重[238]に嫁いだ長女の歌子[239]が記した『はその落葉[240]』に、千代の人間性を象徴する幼少期の兄惇忠との逸話があり、以下、引用する。

「或夜の御物語りに、私が十許りの頃、御前たちの父上は十一歳、今萬年町に住んで居られる喜作さんは十三歳で、毎日私の兄上の所へ学問に通はれたので、私も時々傍らに居て聞く事も有った。或時、御二人が帰った後で、「今日兄上の講義された本の、何々の章の何々と云ふ所が解りません。どういふ譯か教へて下さいまし」と云うたが、（中略）「煩るさい事を聞くなあ、女の子がそんな事を知って何の役に立つ」と云はれたので、口惜しくて「女だとて人ではございませんか。人として物の道理を知りたいと云ふのを、無用な事とおっしゃるのは、兄様の御言葉とも覚えません」と顔を赤くして息込んで云うたのを、（中略）兄上が「いやいや千代の云ふのが道理です。前に云ったのは失言だった。女だとて人の道を知らないで良いものか。今後は暇さへ有つたら千代始め妹等にも少しでも本を教へよう」とて、其折論語のどの巻であったか、二三枚私の為に講義して下さった。（中略）どうやら物の道理が解る様になったのは、皆兄上の御自愛によるのであると云はれた。[241]」とある。人として道理を違えない生き方を幼少期から志向していた事が解る。

渋沢に嫁いだ後も「三井家のご主人が庭で母上や私の寫眞をうつして下さったが、（中略）あまりに不適當な貧弱な身なりであったから、なんぼなんでも肩身が狭かった。[242]」であるとか、「母上が晴れの宴會に出られたことは至って少なく、[243]」との記述が見られ、自身の為に贅を尽くしたり、自分が目立つようなことは慎んでいたようである。

そのような千代は、どのように養育院と関わっていたのであろうか。現場を取り仕切っていた養育院の幹事が千代への感謝の気持ちを蒔絵の手箱に託した様子を歌子が記しており、以下、引用する。

「母上はすべて表だった事にはなるたけ関係せぬようになされたが、父上が殊に御熱心な養育院の事だけは、常に深く心を用ひられ、折々私たちをもつれて憐な人々の様子を見に行かれ、法事など営む時は菓子などを施されることもあった。其頃の幹事は木下某といふ人であった。或時母上に蒔絵の手箱を一つさし上げて云ふには、「これは院に養はれてゐる人の中で、蒔絵の上手な者が一生懸命で作りましたので、院の製作品に此のやうな美しい品は始めてで、今後もあるまいと思はれます。それ故普通の品と一所に売るのも惜しく思はれますから、奥様が常々養育院の為にご尽力下さるのを感謝するしるしにと私が買って進上致します。然し渋沢大人は院長で私は部下故、自然賄賂のやうに思召されては大きに困ります。此区別をよく御了解下さって、大人によろしく御とりなしを願ひます」と云った。父上は御覧になってほほゑまれ、「大した品でもないものを贈るのに、そんなに気を揉んだのは可笑しいが、然しそれ程實直で小心な性質を知って居るからこそ、幹事に選んで院の仕事をまかして置くのだ」と云われた。[244]」とある。娘である歌子が、母の千代は「養育院の事だけは、常に深く心を用ひられ」と記し、養育院の収容者に最も親しく接している幹事が、「奥様が常々養育院の為にご尽力下さるのを感謝する」と述べていることが、全てを物語っているのではないだろうか。

また、穂積陳重、歌子夫妻の孫にあたる穂積重行[245]は、千代について、「三人の娘に歌・琴・糸と名づけたことからも、その人柄の一端がうかがわれるが、これにとどまらずなかなかの風韻とともに識見気骨をそなえた女性であったようである。[246]」と記し、「当然ながら歌子に与えた影響はきわめて大きく、しばしばふれた「合理的でりくつっぽく、趣味は仲々ひろいが潔癖で勝気」といったその性格は、遺伝というよりもむしろ千代のそうした面を強く意識してのことではなかったかとさえ思われる。[247]」と述べている。

次節で述べるように、千代が死去し、後妻となった兼子も、明治19年（1886）に、養育院慈善会（詳細後述）の副会長に就任し、明治23年（1890）に、東京市営となるまでの委任経営の厳しい時代に、寄附を募り養育院を支えている。千代、兼子の二人の妻は共に、渋沢を内外で支え、養育院への大きな貢献を果たしたといえよう。

4 養育院への公費支出停止下の委任経営—本所Ⅰ期（1885〜89）

養育院の役員をはじめ実財界仲間の後押しもあり、養育院の継続は府会で承認された。渋沢はその経営に必要な財務基盤をつくるべく、政府・東京府と交渉を開始する。神田和泉町の養育院の土地を所有する政府が東京府に売却した金額のうち4万円程を養育院が貰い受け、さらに府会から神田和泉町の土地と建物を貰い受けた。渋沢が「私設」と呼び、一般的に「委任経営」と呼ばれた養育院の経営資金は、これらの売却金、共有金の残金、貸与金、宮内省賜金等を加えて基本財産とした。組織形態は、府知事の下に特任として「養育院委員会」が設けられ、その決議により経営を維持する委任制度が取られた。

この委任経営は、明治18年（1885）7月より始まるが、渋沢は上述の基本財産を原資に公債証書を購入し、その利子と外部からの寄附金を運営資金にあてた。神田和泉町の土地建物を売却し、地価の安い本所長岡町の土地を買い、同年12月に院舎を建て養育院を移転させたのである。当代随一の事業家としての能力と実財界におけるネットワークを縦横に駆使し、政府と東京府との交渉を成功させ、委任経営スタート時の基盤をつくったといえる。[248]

それでは、委任経営の意思決定機関となった養育院の常設委員会とはどのようなメンバーであったのか。『養育院八十年史』[249]によれば、委員長の渋沢を含め10名である。この10名の意向で経営が為されるのであるが、渋沢の姿勢に共鳴し、共にこの時期の委任経営を支えた委員の略歴を列挙し、無報酬で取り組んだ常設委員会の構成メンバーの特徴を考えてみたい。（詳細不明な川村伝兵衛を除く。）

①三井三郎助（1850~1912）
明治5年（1872）、三井家の5人の子弟と共に米国に留学。帰国後、三井家の各種事業に従事する。

②大倉喜八郎（1837~1928）
明治6年（1873）、大倉組商会を設立し朝鮮・中国への投資等、内外に事業を展開し大倉財閥を創設。明治33年（1900）大倉商業学校（現東京経済大学）を創立。大正4年（1915）男爵。

③伊達宗城（1818~1892）
宇和島藩主。維新後は、議定に就任。外国事務総督、外国官知事として外交責任者を務めた。渋沢の新政府任官時は、窓口となった民部・大蔵大輔大隈重信の上司にあたる民部・大蔵卿。

④松平定教（1857〜1899）
松平定信の末裔。明治2年（1869）、桑名藩知事。アメリカ留学後、外務省に勤める。明治17年（1884）、子爵。松平定晴の義父。

⑤福地源一郎（1841〜1906）
幕府使節として2回渡欧。明治1年（1868）、新政府を批判する『江湖新聞』を発行し逮捕。明治3年（1871）、大蔵省出仕。伊藤博文渡米と岩倉使節団に随行。明治7年（1874）から明治21年（1888）まで『東京日日新聞』を主宰。

⑥沼間守一（1844〜1890）
長崎で英学や兵学を学ぶ。戊辰戦争で捕縛されるも放免され、大蔵省・司法省出仕、明治4年（1871）、岩倉使節団に随行。明治11年（1878）、嚶鳴社を組織し自由民権運動を展開、明治12年（1879）、『東京横浜毎日新聞』を創刊。明治15年（1882）、立憲改進党結党に参画。同年東京府会議長。

⑦橋本綱常（1845〜1909）
明治5年（1872）、官命により欧州留学。明治10年（1877）、陸軍軍医となり西南戦争従軍。東京大学医学部教授、日赤病院初代医院長を歴任。明治38年（1905）、陸軍軍医総監。明治40年（1907）、子爵。

⑧青地四郎左衛門（不詳）

「伊勢屋四郎左衛門」は、享保期より明治維新まで続いた札差株仲間の世襲屋号・名前。名字は青地氏。[250]

以上が、常設委員である。常設委員の選出には様々な条件があったと思われるが、委員長渋沢の意向も大きな要素であったことは間違いない。委員は、渋沢が信頼する旧幕臣出身者を中心に、海外事情を知る実業家や外交官、自由民権運動に理解を示す言論人、収容者の生命を守る医師、財政を支える金融業者である。このメンバーが、渋沢と共に知恵を出し、施設継続の必要性を世に訴え、収容者の生命を守り財政を支えたといえる。

また、渋沢が養育院を廃止に追いやった府会議員の沼間をして施設の必要性を知らしめる、謂わば教育の一環として、常設委員に加えたとも考えられる記述があり、以下引用する。「明治十五年であったと思ふが、養育院の維持に関して強い反対論が起つた。それは当時府会議員であった沼間守一氏などが「元来人たるものは他人から援助を受くべきでない。（中略）救助などしてはならぬので、他人には冷酷でなければならぬ」と主張し、此考へ方が一般を風靡した。（中略）私は沼間氏等とは反対の意見を持って居たとは云へ、私交上には相変わらず親しく、その兄の須藤時一郎氏[251]の如き第一銀行の重役であって常に懇親であった。[252]」とある。この記述は、沼間に対して人格攻撃をしなかった渋沢の柔軟性豊かなバランス感覚を示しているともいえまいか。養育院継続を目的として、その反対勢力さえも取り込み、糾合していく渋沢のリアリストとしての力量を感じさせる。

ここで施設運営の経費について再確認をする。前節で述べた府の指令により養育院が受け入れた行旅病者・棄児・迷児の経費については、彼等を救助した区町村から「委託費」が支払われたが、養育院が救済した元窮民の経費に対する地方税からの支出は無くなっている。神田から本所長岡町に施設を移し、常設委員会の体制を整えた渋沢は、基本財産を原資に公債証書を購入し、その利子と外部からの寄附金を運営資金に充てる算段であったことは前述した。しかしながら、移転した翌明治19年(1886)(明治19)には、定員150名に対して収容者は484名と急増し、基本財産の増殖が喫緊の課題となった。元窮民の経費の工面、資金確保の必要性は、施設移転直後の委任経営スタート時から、渋沢をはじめとする委員を悩ますこととなる。[253] 渋沢はこの難局にどう応戦したのであろうか。

養育院が委任経営化される前年の明治17年(1884)に、第1章第5節でも触れた幕末渡欧時にパリで体験した慈善市を渋沢に想起させる出来事があった。陸軍卿大山巌[254]の妻であり、米国帰りの大山捨松[255]がリーダーとなり、貧病院「有志共立東京病院[256]」に看護婦教育所を付置する為、政治家の夫を持つ上流婦人を中心とした「婦人慈善会」を立ち上げた。当時、舞踏会で話題になっていた鹿鳴館[257]で慈善バザーを開催し、利益全額を病院に寄附したのである。

これを契機に渋沢は、明治19年(1886)7月に、高崎五六府知事[258]に「養育院慈善会規程草案」

を提出する。このなかで、養育院婦人慈善会の設置目的として、「本会は東京府養育院の資本を増進して、府内無告の窮民を収養救育するが為に、婦人慈善会に倣ひ創立するところなり」と記している。草案には、「明治6年の開創以来、窮民を収養すること四六三五人の多きにいたり、その費用は累計して十六万五〇〇〇余円の巨額にのぼり」と具体的な数値実績を挙げ、論理的に資本増強の必要性を説いている。さらに「看よ富家一餐の食は貧児数十口の飢を救ふへく」、「貴家一襲の衣は窮民数十人の寒を防ぐにき足るを」と簡潔な名文で、持たざる窮民へ手を差し伸べることを上流婦人に対して切々と呼びかけている。

府知事の許可を得て、翌明治20年（1887）1月より募集を開始した渋沢は、300名以上の会員を集める。同年4月、会長に高崎五六府知事の妻鷹子、副会長には渋沢の妻兼子が就任し、議定員には、伊藤博文、芳川顕正元府知事、三島通庸警視総監[259]、常設委員の沼間守一、大倉喜八郎、伊達宗城、松平定教、東京商法会議所に所属する岩崎弥之助[260]、安田善次郎[261]等の各夫人が選出される。政治家の夫が多い捨松等の婦人慈善会と比較し、著名人が多いことでは共通していたものの、養育院婦人慈善会では、会議所に代表される実業家・財界人の夫人が主流であった。

この養育院婦人慈善会主催による第1回慈善市が、明治22年（1889）5月に鹿鳴館で3日間開催され1万人を超える来場者があり、純利益は6561円余となった。これは、明治20年（1887）に養育院が受けた寄附金8400円の8割にも相当する高額なものとなった。渋沢が実財界人の夫人を会員とすることで、夫である経営者達の強力な支援を呼び水とし、その善意と良心は慈善会に参加した富裕層のみならず皇室にも及ぶ。第1回慈善市の活動が宮内省に届き、皇后陛下の思召しにより、毎年2千円の御下賜金が下りるという旨が達せられるのである。以降、慈善市は毎年1回開催され、養育院婦人慈善会を中心とする寄附金により、明治18年（1885）に、30，531円余であった養育院の基本財産は、5年後には、118，104円余と3．8倍に増殖する。[262] 地方税（府税）の支出が止められた委任経営時代の養育院は、渋沢の筆舌に尽くし難い陣頭指揮の尽瘁により守られ財政基盤を整えたといえる。

明治22年（1889）に、内務省より「公共財産管理方」の通達があり、使用目的を指定した寄附金は市の通常会計と分けられた特別会計として管理され、市会の独断で廃止されることは無くなった。この通達により、明治23年（1890）1月に、養育院の所管は渋沢等の委任経営から東京市の事業となり永続することとなる。渋沢の当時の考えを示す記述があり、以下、引用する。

「明治二十二年東京市に初めて自治制を施く事となった。（中略）養育院も吾々が共同事業として経営するよりも、これを東京市の事業として経営した方が将来のために万全の策であると考えて、他の関係者ともいろいろ協議した結果、いずれもその方がよろしかろうという事になったので、この旨を当局に交渉したところ、郡部および市会の協議により満場一致をもってこれを市において引き受ける事となった。（中略）

明治二十三年になって東京市の管理するところとなり、市の別途の事業として従来増殖せる基本金の利息をもって特別会計法により経営する事となったのである。[263]」とある。

これは、養育院の「将来のために」不安定な委任経営ではなく、「万全の策」として、民ではなく公が責任を持つことに対して、反対意見を出させること無く「郡部および市会の協議により満場一致をもって」東京市の事業として執行することを認めさせたといえる。

渋沢は、沼間守一を加えた常設委員会、政府と東京府の官僚の妻も加えた婦人慈善会と共に、会議所メンバーの支援も得ながら世論を形成し行政を動かしたものといえる。渋沢の奮闘を極めた執念により、養育院は数年に亘る危機の時代を脱した。換言すれば、江戸寛政期に松平定信が取り組んだ「公の持つべき責任」を、明治近代において普遍化させ明示したのが渋沢であったと考える。

5　東京市の管轄へ—本所Ⅱ期（1890～96）・大塚期（1896～1923）・板橋期（1923～）

前節で述べたように、明治23年（1890）1月より、養育院は委任経営から東京市の事業として再出発する。委任経営から東京市へ所管が移ったとはいえ、養育院の経営は基本財産の利息が充てられ、渋沢は府知事のもと発足した市参事会の下に設けられた養育院の最高諮問機関となる常設委員会の委員長としての尽力は変わらなかった[264]。明治14年(1881)に、実財界において多忙を極める渋沢が上申した「養育院には毎月2回登院し、平常の事務は幹事に分任する」旨を東京府は承認していたことにも示されるように、日常の実務を取り仕切ったのは幹事であった。この節では、その後の事業展開において、渋沢の分身として、草創期の養育院を護り育て、基盤を創った幹事安達憲忠[265]等について触れ、渋沢の指揮の下、渋沢と共に、現代に繋がることとなるその取り組みを俯瞰する。

憲忠は安政4年(1857)、岡山で農家に次男として生まれ、幼少期に読書、習字、中国古典に親しみ、9歳で母を亡くす。10歳で母の実家の菩提寺である願興寺[266]に入り漢学や仏典を学び、19歳で遺芳館[267]において、洋学、漢学、算数を学んだ。自由民権運動に関わり、22歳で還俗し、山陽新報社や福島新聞の記者を経て、明治20年(1887)に東京府庁農商課の役人として採用される。明治24年(1891)2月、前任の養育院幹事退職に伴い、渋沢よる面接を経て、「幹事事務取扱」として、養育院と養育院慈善会の事務の責任者として赴任している[268]。

赴任翌月には、福島で幼学校、救育所を設立[269]する等、社会的に高名であった瓜生岩子[270]を本所長岡町にあった養育院の幼童世話掛長として迎えている。憲忠は岩子の働きぶりについて、「ただわけもなく快活に働くのであった。(中略) お婆さんの言うことを味わって見ると、人間処世の大旨趣を徹底さしていると感じた。(中略)誠意というものは恐ろしい力のあるものである。およそ、二か月ばかりも経過するうちには、児童の状態が大いに変わって来て、甚だ快活になった。[271]」と述べている。僅か五か月余りの在勤期間であったが、岩子の誠実で愛情溢れた幼童保育は際立つ業績を残した。渋沢はその業績を称え、後年岩子の銅像建設委員長として尽力している。[272]

渋沢院長の依頼を受けた憲忠は、明治26年（1893）に、当時の社会における浮浪児の生態を詳細に調査研究した「窮児悪化の状況」を渋沢へ提出し、養育院未収容児童の犯罪者化の状況と不幸な子供達に対する救貧制度の充実を喚起している。施設改善においても、明治29年（1896）に、市の施設にも拘わらず、微々たる支出しか認められないなか、渋沢の指揮の下、宮中の御下賜金嘆願や寄附金募集により、小石川大塚辻町の土地を買い入れ、性別、年齢、健常者、病者等に区分した入院室を設け、養育院を狭隘な本所長岡町から移転させている。

また、前述した「窮児悪化の状況」に基づき、身寄りのない幼童は公的機関で収容し善導すべきとする見解から、明治33年（1900）に、大塚院内に感化部を設置し、明治37年（1904）には、感化部井の頭学校を設立している。さらに、感化部設置と同年、結核に罹患した入院幼童対策として勝山保養所を設置し、明治42年（1909）には、結核予防と療養の為、船形に安房分院を設立している。[273]他にも医員光田健輔[274]による癩病対策、[275]大塚報徳会女子職業紹介所[276]の開所等を行っている。

その後、大正7年（1918）に、300万人に達した東京市の人口増に伴い、養育院の収容者も増加する状況下、院移転助成会事務長に任ぜられていた憲忠は、渋沢と共に、敷地選定、施設設計、寄附金募集等に奔走し、大正12年（1923）に、本院を板橋に移転させる。この板橋の施設は、戦後の東京都養育院へ、さらに、現在の地方独立行政法人東京都健康長寿医療センター[277]として継承されている。

以上のように、渋沢は、憲忠と二人三脚で、明治・大正期の公益福祉の創設、拡充に尽力したが、その背景には、近代化を進める上で不可欠となる公益事業の必要性を知悉した渋沢の大局観と、渋沢の片腕として、忠実に院務を遂行した憲忠の奮闘があった。二人に共通する思想的基盤は、渋沢が父市郎右衛門と従兄惇忠に学び、憲忠も遺芳館で学んだ儒教における「仁」があると考える。共通する体験的要素としては、渋沢が不条理な身分制度に憤り攘夷運動に関わることにより、憲忠も願興寺で仏教を学び自由民権運動に関わる中で、其々に培った民を思う「慈しみ」があったのではないだろうか。

大正8年（1919）に、渋沢の下で、憲忠が病気を理由に退職するまで幹事を務めた養育院の時代を、人は評して「『よろず屋』的拡大」と呼ぶ[278]。昭和6年（1931）に、渋沢が逝去するまで、文字通り、ライフワークとして、護り育てた養育院を源流とし、現在まで続く後継施設を、以下、列挙する。

児童養護施設：社会福祉法人 石神井学園（練馬区）、同 船形学園（館山市）、同 勝山学園（千葉県安房郡）、同 八街学園（八街市）、

障がい児施設：社会福祉法人 千葉福祉園（袖ヶ浦市）、

児童自立支援施設：社会福祉法人 萩山実務学校（東村山市）、
看護学校：東京都立板橋看護専門学校（板橋区）、
病院：地方独立行政法人 東京都健康長寿医療センター（板橋区）[279]

前述のように、行政や社会において公益福祉への理解が得られにくかった時代に、様々な理由で入院してくる人々の広範な要請に応え救済した養育院事業の拡充過程は、そのまま首都東京の公益福祉の発展過程であった。

6 渋沢と養育院が当時の日本社会に果たした役割

明治5年（1872）10月15日に、営繕会議所附属として発足してから、渋沢が逝去した昭和6年（1931）11月までの59年間に亘る養育院の入院者総数は72，303名である【内訳：出院者33，213名、逃亡者6，006名、死亡者30，691名、在院者2，393名[280]】。第1節で述べた府知事大久保一翁の諮問に対して、営繕会議所委員が答申した「救貧三策」は、明治・大正・昭和の時代を通して、渋沢の尽瘁によって、その施策を充実させ続けたといえる。

窮民、行旅病人、棄児、遺児、迷児、感化生等、支援を必要とする人々を保護し、教育を施し、授産を行い、死亡時には葬儀に至るまでの救済により、実に7万名を超える人々に寄り添ったのである。その財源は、養育院成立以来、渋沢の志に呼応した委託経営下の常設委員に代表される実業家・財界人や渋沢の働き掛けによる市井の人々の寄附であった。合計で130余万円にも上る寄附金が支えてきたのである。[281]

養育院で支援を受けた人々の渋沢に対する尊敬と愛着の言葉は数多あるが、渋沢が亡くなった際、東京市養育院『月報』の追悼号に、巣鴨分院の14歳男子の作文が掲載されており、以下、引用する。

「噫昭和六年十一月十一日、それは又僕等に取つて何といふ悲しい日であらう、数日来危篤の御容態を続けられて居た僕等の慈父とも仰ぐ渋沢院長さんはこの日午前一時五十分を一期として九十二歳の御生涯を終えられたのである、（中略）先生の御話によると院長さんは明治五年に我が養育院が創設されるとまもなく院長として、あの御忙しい御身体にも拘はらず何かと養育院の為に御心配され、晩年には御自分の御関係なされた居られるすべての会社や銀行から身を退かれる際にも、唯だ一つ我養育院長としての職だけは留つて居られたのだといふことである、噫さうして御臨終の間際までも僕等のことを御心にかけて居て下さつたのだ（中略）ぢつと目を閉ぢると院長さんの御生前に我分院に御出で下さつた時の思ひ出が走馬灯のやうに頭に浮かんで来る、（中略）去る六月十三日には御病気の御身体を押して御出でになられたが、丁度その日が最後のおとづれとなつたのであった、その日はいつも来られた時よりも一そうニコニコして僕等にこれから後、世の中に出て働くについての為になる御訓話を為された、（中略）噫僕等の慈父と慕ふ院長さんは（中略）僕等の胸裏に生きて居られていつも僕等をお守り下さるのだ、僕はこの事を常に念頭に置いてこれからも一心に学業に励み他日立派な人となつて院長さんの御恩の万分の一でも御報ひしなければならぬと堅く決心してゐる」[282]と記している。

この14歳の生徒の作文が書かれたのは、第2章第3節でも触れたが、全国初の救貧制度として明治7年（1874）に制定された「恤救規則」（太政官達162号）の前文に「済貧恤救ハ人民相互の情誼ニ因テ其方法ヲ設クヘキ」とあるように、社会事業に対する公的責任が認められていなかった時代のことである。この文章に見られるように、渋沢は養育院の入院者一人ひとりにとって心の拠り所であり、特に年の若い入院者にとっては、経済的にも精神的にも支柱となる「慈父」であった。

59年間に亘る72,303名の入院者にとって、渋沢は、まさに仁と慈しみを体現する「慈父」であったといえる。これこそが、養育院の、そして、渋沢の最大の役割であったと考える。

武井優は、渋沢の養育院への功績を「現代から当時を照射したとき、江戸期の七分積金の生みの親である楽翁公（松平定信）の意志をうけ継いで、消滅の危機に瀕していた本院を再建し、規模壮大な東京市の公的機関へと発展させたその功績が浮上してくる。当時の先進諸国の欧米でさえ、個人が公的機関を創りあげた例はなかったといわれている。そのことは、貧富貴賤の別なく、人間の命の価値を同等にとらえて共生社会を生み出すという、社会変革を成し遂げ、近未来となる現代への社会福祉の道筋をつけたことを意味する。青春時代から標榜してきた官尊民卑を打破し、下層民を排除せず、人間平等の象徴として精神を躍動させて創りあげてきたのが「養育院」であった。[283]」と位置付け、「国のため社会のために貢献した近代の聖賢、それが「社会事業家 渋沢栄一」ということができる。」と述べている。現代の社会福祉の礎を築いた渋沢への正当な評価ではないだろうか。

大谷まことは、「養育院の実質私的経営に踏み切った若い頃、渋沢はすでに、社会事業においては、社会事業に対する財政的援助、および社会事業の最後の砦としての公的施設の重要性に言及している。その後、半世紀以上にも及ぶ社会事業との深いかかわりを経て、渋沢の福祉思想の中核を占めているものは、国民全体の生活レベルの向上、生活困窮者に対する社会事業の展開に必須である財政にあり、表裏一体の関係にある公的責任へと広がってきている。[284]」と述べている。

渋沢は、下層民を排除せず、国民全体の生活レベルの向上へ向けて、養育院事業等の公益福祉を推進するうえで必須となる公的財政を活用する為、どのような取り組みを行なったのであろうか。次章で、公益福祉を総合的に進める統合団体の役割を果たした中央慈善協会について検討を進める。

注　第4章

(207) 日本大百科全書：1832～1899年。旧佐賀藩出身の政治家。

(208) 武井優『渋沢栄一と社会事業 社会福祉の道を拓いた「養育院」樹立の半生』、鳥影社、2021年、113～114頁。

(209) 土地制度史学会編修『土地制度史学』第153号、土地制度史学会、1996年10月、大杉由香「明治前期における東京の救恤状況」54頁に「1869年（明治2）5月まで、明治政府会計官と東京府双方から監督を受けていたが、この月に東京府の専属となっている。」との記載あり。

(210) 港区デジタル版 港区のあゆみ『新修港区史』、1979年、436頁。

(211) 土地制度史学会編修『土地制度史学』第153号、土地制度史学会、1996年10月、大杉由香「明治前期における東京の救恤状況」50頁。

(212) 日本大百科全書：1835～1915年。幕末の志士。明治時代の政治家。

(213) 武井優 同掲書、118～120頁。

(214) 武井優 同掲書、123頁。

(215) 日本大百科全書：1821～1877年。幕末・明治初期の三井家の大番頭。

(216) 渋沢栄一『渋沢栄一自伝 雨夜譚・青淵回顧録（抄）』、角川ソフィア文庫、2020年、293頁。

(217) 武井優 同掲書、129頁。残りの24名は記載が無く詳細不明。

(218) 同掲書、129頁記載の数値を使用。

(219) 地方独立行政法人東京都健康長寿医療センター『ようこそ養育院・渋沢記念コーナーへ』、老年学情報センター、2019年8月、8頁。

(220) 武井優『渋沢栄一と社会事業 社会福祉の道を拓いた「養育院」樹立の半生』、鳥影社、2021年、280頁：高知県生まれ。新聞社嘱託記者、雑誌記者を経たのちルポライターに。

(221) 武井優 同掲書、131～132頁。

(222) 一般社団法人日本医史学会『日本医史学雑誌』第58巻第2号、稲松孝思、松下正明「大久保忠寛の「病幼院創立意見」(安政4年)と東京府病院(明治6~14年)について」東京都健康長寿医療センター、2012年6月、204頁に記載される医師。詳細不明。

(223) デジタル版日本人名大辞典+Plus:1836~1907年。幕末・明治時代の実業家。下野佐野藩士。脱藩後、製靴工場を創業。

(224) 武井優 同掲書、133~135頁。

(225) 日本大百科全書及び『神殿大観』:明治5年(1872)に設置された宗教行政機関の教部省の役職。

(226) 武井優 同掲書、148~150頁。

(227) 武井優 同掲書、152頁。

(228) 朝日日本歴史人物事典:1837~1884年。幕末期の奥儒者、明治初期の文筆家。

(229) 百科事典マイペディア:1855~1905年。明治期の経済学者、史学者、政治家。

(230) 見城悌治『渋沢栄一「道徳」と経済のあいだ』日本経済評論社、2008年、66~67頁に、「「自由貿易主義」を奉じていた渋沢は、その論客であった田口卯吉との関係も深かった。(中略)1879年1月に田口が主宰する『東京経済雑誌』が刊行された時、渋沢は自らが会長を務めていた択善会の『理財新報』を廃刊し(中略)同誌に併合する形を取った。(中略)さらに翌年五月に田口が(中略)創設した「経済懇話会」(中略)の会員にもなっている。(中略)渋沢は(中略)田口卯吉に対しては「日本のアダム・スミス」と賛じ続け、(中略)田口の没(1905年)後も、(中略)1927年に『田口卯吉全集』が刊行されたときには、渋沢は、(中略)刊行会顧問として、積極的な支援をおこなっている(中略)渋沢の交友関係あるいは思想的懐の広さが確認できるであろう。」との記述がある。

(231) 小学館『日本大百科全書』、一杉哲也「松方財政」、1984年

(232) 日本大百科全書:開拓使が所有する船舶、工場、農園、倉庫、鉱山等を開拓使官吏や政商等に払い下げようとして、世論の激しい批判を受けた事件。

(233) 日本大百科全書:日本のブルジョア民主主義革命運動。国会開設、憲法制定、地租軽減、地方自治、不平等条約撤廃の五大要求を掲げ、明治政府が意図

する絶対主義的天皇制国家に対し、民主主義的な立憲制国家をつくろうとした。
(234) 日本大百科全書：1843〜1890年。明治時代のジャーナリスト、政治家。
(235) 20世紀日本人名辞典：1842〜1920年。明治大正期の官僚・政治家。
(236) 武井優 同掲書、158〜162頁。
(237) 東京都健康長寿医療センター『櫻園通信』22号、2015年3月、稲松孝思、超現代語訳「養育院廃止に対する渋沢院長の建議書」による。
(238) デジタル版日本人名大辞典＋Plus：1856〜1926年。愛媛出身。明治・大正時代の法学者。東大教授。貴族院議員。
(239) デジタル版日本人名大辞典＋Plus：1863〜1932年。明治〜昭和前期の女性。著作に、『ははその落葉』、歌集『三日の大和路』。
(240) 1899年に『青淵先生六十年史』が編纂された時、付録として歌子が和文体の『ははその落葉』を著し、1930年に口語体に書き直した。いずれも私家版。
(241) 穂積歌子『ははその落葉』、穂積歌子（私家版）、1930年、55〜56頁。
(242) 同掲書、98頁。
(243) 同掲書、122頁。
(244) 同掲書、120〜121頁。
(245) ウィキペディア：1921〜2014年。西洋史学者。東京教育大学教授、大東文化大学学長。
(246) 穂積重行編『穂積歌子日記：明治一法学者の周辺1890—1906』、みすず書房、1989年、166頁。
(247) 同掲書、167頁。
(248) 武井優 同掲書、163〜166頁。
(249) 東京都養育院編『養育院八十年史』、東京都養育院、1953年、60頁。

(250)三井三郎助、伊達宗城、大倉喜八郎、福地源一郎、沼間守一は、国立国会図書館「近代日本人の肖像」、橋本綱常は、日外アソシエーツ『20世紀日本人名辞典』、松平定教は、デジタル版『日本人名大辞典+Plus』、青地四郎左衛門は、『朝日日本歴史人物事典』から引用抜粋。

(251)デジタル版『日本人名大辞典+Plus』:1841~1903年。幕末遣仏使節に随行。維新後、大蔵省を経て第一国立銀行勘定検査役。

(252)東京都健康長寿医療センター『櫻園通信』13号、2014年6月、「青淵先生訓話集・社会事業思想の変遷と養育院」の記述による。オリジナルの出典は、竜門社『青淵先生訓話集』の「社会事業の変遷と養育院」、1928年。

(253)武井優 同掲書、166~169頁。

(254)国立国会図書館「近代日本人の肖像」:西郷隆盛の従弟。2度の渡仏後に陸軍を創設。陸相、陸軍大将、明治40年(1909)、公爵。

(255)国立国会図書館「近代日本人の肖像」:明治4年(1871)に日本初の女子留学生として津田梅子等と渡米。留学中に看護婦免許状を取得。社会活動や女子英学塾(現津田塾大学)の設立に尽力。

(256)港区観光協会HP:明治15年(1882)に医師の髙木兼寛等が設立。東京慈恵会医科大学附属病院の前身。2023年2月閲覧。

(257)千代田区観光協会HP:明治16年(1883)に英国人ジョサイア・コンドルの設計により、政府や貴族の社交場として建設されたレンガ造りの洋風建築物。2023年2月閲覧。

(258)朝日日本歴史人物辞典:1836~1896年。幕末の薩摩藩士、明治政府の官僚。岡山県令、東京府知事を歴任。

(259)国立国会図書館「近代日本人の肖像」:1835~1888年。尊王攘夷運動で活躍。維新後、東京府に出仕。山形・福島・栃木の各県令、内務省土木局長を経て警視総監。

(260)朝日日本歴史人物辞典:1851~1908年。明治の実業家。三菱商会創業者岩崎弥太郎の弟。三菱財閥の2代目当主。

(261)国立国会図書館「近代日本人の肖像」:1838~1921年。安田財閥創設者。江戸で両替店安田屋を開業。維新後、安田銀行開業。

(262)武井優 同掲書、170~175頁。

(263) 渋沢栄一、『渋沢栄一自伝 雨夜譚・青淵回顧録（抄）』角川ソフィア文庫、2020年、300頁。
(264) 武井優 同掲書、178頁。
(265) 20世紀人名辞典：1857〜1930年。岡山出身の社会事業家。養育院において、里親制度開拓、感化部設置、結核患者分離、鍼按学校設立に尽力。
(266) 岡山市瀬戸町観光文化協会HP：備前四十八ケ寺の一つとして、奈良時代に創建された瀬戸町の天台宗寺院。（2023年2月閲覧）
(267) 岡山朝日高校HP：寛文6年（1666）岡山藩池田光政が創設した「学校」（国学）の後身となる私塾遺芳館。（2023年2月閲覧）
(268) 内藤次郎『社会福祉の先駆者安達憲忠』、彩流社、1993年、183〜185頁。
(269) 五味百合子編著『社会事業に生きた女性たち―その生涯としごと』、古林淑子「瓜生岩」、ドメス出版、1973年、23〜26頁。
(270) 日本大百科全書：1829〜1897年。福島出身の社会事業家。戊辰戦争時の傷病兵を看護。児童窮民救済に活躍。
(271) 五味百合子編著 同掲書、27頁。オリジナル原典は『養育院月報』第146号、1913年4月
(272) 渋沢青淵記念財団竜門社編『渋沢栄一伝記資料』第24巻、渋沢栄一伝記資料刊行会、1959年、292〜298頁。岩子没後の明治34年（1901）、浅草公園内に建設された。
(273) 内藤次郎 同掲書、111〜115頁。大正8年（1919）、結核予防法制定の契機となる。
(274) ウィキペディア：1876〜1964年。病理学者で皮膚科医。明治31年（1898）に東京市養育院勤務し、明治41年（1908）に副医長。明治42年（1909）に公立癩療養所全生病院医長就任。戦後に癩病の薬物療法の確立後も強制隔離政策の維持強化を主張した。
(275) 内藤次郎 同掲書、116〜117頁。明治34年（1901）、院内に回春病室を設け癩患者を隔離し治療する。明治40年（1907）放浪患者を隔離する「癩予防に関する件」が制定される。
(276) 内藤次郎 同掲書、123〜124頁。明治44年（1911）に養育院内に出来た職業紹介所。翌年大正元年に市営職業紹介所が開所の記載あり。
(277) 地方独立行政法人東京都健康長寿医療センター『ようこそ養育院・渋沢記念コーナーへ』老年学情報センター、2019年8月、28〜31頁。

(278)内藤次郎 同掲書、117頁。

(279)武井優 同掲書、18〜21頁。

(280)武井優 同掲書、369頁。

(281)武井優 同掲書、370頁。橘川武郎、島田昌和、田中一弘編著『渋沢栄一と人づくり』、有斐閣、2013年、2頁を参考に、2006年の貨幣価値で換算すると、およそ千倍の13億円程度。

(282)東京市養育院［編］『東京市養育院月報』故渋沢栄一院長追悼号、第364号、院生の追悼文、實補一 高田九一郎「噫院長さん」、東京市養育院、1931年11月25日、62〜63頁。

(283)武井優 同掲書、370頁。

(284)大谷まこと『渋沢栄一の福祉思想―英国との対比からその特質を探る』、ミネルヴァ書房、2011年、487頁。

第5章　「国利民福」を目指した渋沢栄一

1　貧民研究会から中央慈善協会へ

前章では、施設としての養育院を「私営」ではなく「公営」たらしめた院長の渋沢が、取り組んだ現代へと続く公益の実践を検討した。当節では、渋沢が救貧救助の実践施設とした養育院と共に、救貧と防貧の調査研究機関として注力した中央慈善協会について検討したい。

中央慈善協会の濫觴は、貧民関係の事務を主管していた内務省において、「参事官として衛生局に関係していたので、貧民に対する衛生、即ち、今日所謂社会衛生の必要を痛感していた」[285]窪田静太郎[286]等を中心に、明治33年（1900）に組織された「貧民研究会」に遡る。[287]貧民研究会には、内務官僚以外に行政に携わるメンバーとして、警察当局で社会改善の必要性を感じていた松井茂[288]、大学で社会政策を専攻していた桑田熊蔵[289]が参加していた。また、囚人保護に尽力し「東京出獄人保護所」を創設した原胤昭[290]、感化事業に尽力し「家庭学校」を創立した留岡幸助[291]、前述した養育院幹事の安達憲忠等が参加[292]しており、官民横断型の組織となっていた。

貧民研究会は、明治36年（1903）に「庚子会」、明治37年（1904）には「慈善研究会」と改称[293]され、全国の慈善事業を統合した協会設立の必要性が検討されていた。明治36年（1903）に、大阪の慈善事業関係者が発起し、全国慈善同盟大会を開催した際、慈善研究会と連絡を取り合い、慈善事業団体を統合した協会の設立が決議された。日露戦争により、設立は延期されるが、慈善研究会が中心となり、明治41年（1908）に、中央慈善協会として発足している。[294]

この公益福祉の統合団体である中央慈善協会と渋沢は、どのような関係であったのであろうか。中心者であった窪田静太郎が、「貧民研究会以後庚午会若しくは慈善研究会会員中には従来この種の問題に付き青淵先生の指導を受け来れる者があり、又永く内務省に在りて警察監獄の当局者たり、この種の問題に理解ある清浦奎吾[295]を先輩と仰ぎて、指導を受け来りたる者あって、何かの機会には常に両先輩を煩わし相談にのって戴く訳であった[296]」と述べているように、渋沢は中央慈善協会の原型ともいえる貧民研究会の時代から、名誉職ではなく指導的立場にあり中心者であった。

また、中央慈善協会が発行した機関誌『慈善』の創刊号には、「本會ノ役員」として、会長：男爵渋沢栄一、顧問：子爵清浦奎吾、幹事：窪田静太郎、原胤昭、留岡幸助、安達憲忠等の記載があり[297]、貧民研究会の主要メンバーが中央慈善協会の幹事となっていることが解る。

それでは、設立された協会は、具体的に何を目指していたのであろうか。協会は、「中央慈善協会趣意書」として、以下4つを掲げている。

一、内外國に於ける慈善救済事業の方法状況及其得失を調査報告すること
一、慈善団体の統一整善を期し団体相互の聯絡を圖ること
一、慈善団体と慈善家との聯絡を圖ること
一、慈善救済事業を指導奨励し之に関する行政を翼賛すること[298]

この趣旨からは、「国内外の慈善救済事業を調査し、受益者となる慈善団体間及び資金提供者となる慈善家との連携を図り、社会一般に対する慈善救済事業の啓蒙と行政への支援」が、設立の目的であると読み取れる。

渋沢は中央慈善協会が発足した明治41年（1908）から、没年昭和6年（1931）までの24年間に亘り、会長[299]を務めているが、協会における慈善救済事業の推進をどのように考えていたのであろうか。明治41年（1908）の協会発会式における渋沢の「開会の辞」に、公益実現に向けた渋沢の公益思想が窺える為、以下、引用し検討する。

「蓋し此中央慈善協会を設立するといふことも望むらくは此社會をして、慈善といふものは如何なるものであるか、慈善の性質はどう解釈して宜しいか、慈善の所作に就て一般に目もこへ耳も進みましたならば其事業も必ず進むであらうと思ひますので、中央慈善協会の将来は自らも進み社會も進むといふことに進路を取りたいと祈念いたすのでございます。[300]」と述べている。第4章で触れた東京府議会における議論

のように、慈善は惰民の養成に繋がるとした当時の一般的な風潮を払拭すべく、慈善救済事業に対する一般大衆の理解を促進することが、協会と社会の進歩に繋がるとの認識を示している。

また、養育院の収容者数が、明治20年（1887）以前に、5~6百人であったが、協会発足の明治41年（1908）には、東京の経済成長と共に、1600余人と3倍に増加していることを例示し、「文明が進み富が増すほど貧富の懸隔が甚しくなるといふことは洋の東西を問はず、時の古今を論ぜず、事實がそこへ証拠立てて居るやうに思はれます。」[301]と語る。そのうえで、「中央慈善協会の発意は、蓋し此慈善をして、如何にも道理正しく組織的に経済的に進歩拡張して行きたいといふ考でございます。」[302]と、進むべき方向性を示している。

前節で検討したように、中央慈善協会発足の時期は、渋沢が養育院において、結核患者病室設置、井の頭学校開校等、入院者のニーズに合わせた分類収容を推進していた時期と重なる。経営のプロフェッショナルでもあった渋沢は、正しき道理に基づき、組織的に整った、重複や無駄の無い経済的な慈善救済事業の必要性を、誰よりも感じていたのではないだろうか。

さらに「此慈善事業といふ者は勿論仁愛の情慈悲の心から発動して之を実地に行ふに過ぎませぬからして全く個人的のものに相違ない。去りながら既に組織的にと希望しまするると、政治と相俟たなければ十分なる効果は得られまいと思ひます。(中略)比較的此慈善の事柄などに付ては政治上からは後回しに相成って居ると申さねばならぬと感ずるのでございます。（中略）個人々々の発動の善心が丁度この政治上の施設と相俟つて之を調和して行くことであつたならば更に宜きを見るであらうかと感ずる次第でございます。」と纏めている。

この挨拶は、個人の仁愛の情、慈悲の心を実質的に効果のあるかたちで困窮者へ反映させる為には、前述のように組織的かつ経済的な事業経営に加え、政治との協働が必要となることを説いている。推測するに、前章で検討した困難を極めた養育院の委任経営時の体験から、自発能動的な個人の善意と立法による行政支援の両翼で進むことが、「中央慈善協会の将来は自らも進み社會も進む」ことを可能ならしめると、渋沢は了知していたのではないだろうか。慈善救済事業に対する政治の支援が、「公」の責任として必要であると考えたことこそ、渋沢の公益思想の根幹があると考える。

中央慈善協会は、大正１０年（１９２１）に社会事業協会、大正１３年（１９２４）には、財団法人中央社会事業協会となる。第二次世界大戦後の昭和２６年（１９５１）に、改称された日本社会事業協会が同胞援護会、全日本民生委員連盟と統合され、財団法人中央社会福祉協議会となり、昭和２７年（１９５２）に、社会福祉法人全国社会福祉協議会[303]となって、今日に至っている。前章で述べた養育院の後継施設と同様、中央団体においても、中央慈善協会を源流とした後継組織が現在まで続いている。

渋沢が深く関わった貧民研究会が組織された明治後期に、慈善救済の組織団体が複数存在したからこそ、中央慈善協会設立に至ったことは、前述の中央慈善協会趣意書を見ても明らかである。次節では、中央慈善協会発足時に幹事であった原胤昭をはじめ、この時代に公益事業に尽力したキリスト者と渋沢との関係から渋沢の公益思想について検討を進める。

2　キリスト者の公益事業に対する渋沢の支援

渋沢栄一は、自ら養育院で公益事業を実践し、中央慈善協会を中心に全国的な公益事業の取り組みを目指したのであるが、キリスト者が行った公益事業についても支援を行っている。前節で触れた囚人保護に尽力し「東京出獄人保護所」を創設した原胤昭について述べる。貧民研究会の中心者であった内務省の窪田静太郎が、昭和１７年（１９４２）、原胤昭逝去の年に寄せた追悼文(304)を中心に、渋沢と原との関係に焦点を当て、渋沢の公益思想を探りたい。

参事官として衛生局に関係していた窪田は、「この貧民のことやその救済の事に志したのは主として後藤新平伯(305)の指導に基づいたのであって(306)」と、上席の衛生局長であった後藤のもと、「貧民に関係する事柄を研究する會合を毎月一回位開いて居つたのでありますが、当時実際にこの種の事業に関係して居られたのが東京では原胤昭氏、留岡幸助氏が居られたので、これらの人々にも加つて貰った。」、「この會合の際にはじめて原君を知ったのである。[307]」と、明治32年（1899）頃を回想している。そして、「明治三十年、英照皇太后崩御の際大赦に依て一時に多数の出獄人が生じた。之を保護する為めに東京出獄人保護所の名を以て公然保護事業を行ふに至ったそうである。[308]」と、原から聞いたと推測される東京出獄人保護所への関わりを述べている。

渋沢と原との関係についても、「原君は今日の中央社会事業協会の前身たる中央慈善協会等のことに尽力して下さったのである。そして、此の創立に付て指導を乞うべき先輩として、渋沢男を推薦したのは原胤昭君であったと記憶して居る。[309]」と振り返っている。中央慈善協会が創立されるにあたり、感化事業に挺身していた原が、公益事業団体の代表として渋沢を推薦していたことは極めて示唆的である。

また、「爾来原胤昭君は永い間協会の常務理事として、諸般の事務を処理せられたのみならず、會の機関雑誌として、一年四回発行の「慈善」と称する雑誌を発行した。[310]」とあり、会長渋沢の意向を踏まえた機関誌の発行等により、前節で触れた「中央慈善協会趣意書」に沿った施策を実行していたと考えられる。さらに窪田は、「勿論終始一貫無報酬であった。[311]」と明言しており、原が自ら手掛ける出獄人保護事業についても、「官公署の補助金を受けなかったのは之が為に官公署の干渉を招くことを嫌ったものと思ふ。[312]」と記述している。

それでは、中央慈善協会の運営に要した経費の工面はどのようにしていたのであろうか。寄稿には、「協会創立後は勿論その準備期間中にも何等會に財産もなく、會費として集まる金もなかったことで、その経費の支弁を原君に工夫して貰ったのであるが、屢々原君が渋沢男爵に御依頼して立替へて戴いたのである。[313]」との記載がある。このことは、渋沢が養育院の運営経費と同様、中央慈善協会の運営経費も支援していたことを示している。さらに遡ってみると、明治30年（1897）に、原が東京出獄人保護所の設立時に渋沢は資金の援助をしている。[314]「原さん、あなたの事業は真に困難な事業だ、ご心労を察します、あなたのやうな方に事業で苦労をさせ、資金に御不自由を掛けてはすみません、どうぞ金が要ったら何時でもおっしゃって下さい、私は大した金持ちで無いが、友達には金持ちも有りますから相談して御援護しませう[315]」との記述がある。

原と「数十年間交友を辱くし謦咳に接して居た[316]」と語る窪田は、原が出獄人保護事業を手掛けたことについて、「色々境遇や原因があらうが、主としては原君が夙に基督教を信じ、之に帰依して修養を積まれたことが原君を導いて人間愛や世を済ひ人を助ける方面に向かはしめたのであらうと私は思ふ。[317]」と述べている。渋沢は、「私自身は初めから宗教に頼らず、孔子の教えを以て是れなれば足ると堅く信じて居た。[318]」と述べており、キリスト者である原とは信条が異なる。しかしながら、公益事業において、他にも増して社会の理解が得にくい出獄人の保護事業を手掛け、創立された中央慈善協会でも奮闘する原に、渋沢は大いに共感したからこそ応援したのではないだろうか。

前節で触れた、感化事業に尽力し「家庭学校」を創立したキリスト者である留岡幸助と渋沢との関係についても、大谷まことは、「明治33年、留岡が東京巣鴨に家庭学校の設立を計画した時、土地は入手できたが学校建設の資金まではつくることができなかった。思いあぐねた留岡が援助の依頼にたずねてきた時渋沢は、「共に社会事業のために尽くしていこう」と言ってその依頼を快く承諾した。[319]」と記述している。

渋沢が会長を務めた中央慈善協会の創立以来の評議員[320]であり、同じくキリスト者である山室軍平[321]が、渋沢との出会いと援助について記述を残しており、以下、引用する。

「日本の救世軍[322]を今日あらしむる為に、外部から後援者とし、又軍友として、賛助せられた方々の多くある中に、渋沢子爵の如きは其の随一に挙げねばならぬお方である。渋沢子爵が、始めてあらはに救世軍を賛助せられたのは、明治四十年、軍の創立者、大将ウイリアム・ブース[323]来朝の時の事であった。其の少し前に私は島田三郎[324]氏の御紹介状を得て、子爵を飛鳥山の邸にお訪ね申し上げ、大将の歓迎に就いて御相談申し上げると、子爵は喜んで其の金を賛成せられ、東京市議会議事堂に於ける其の歓迎会に出席して、長文の歓迎の辞を朗読せられたのみならず、数日の後には大将を案内して養育院を参観せしめ、又飛鳥山邸に朝野の名士二百余名を集め、大将から其の社会改善に関する講演を聴聞せらるるやうなこととなつた。此は唯半日の催に過ぎなかつたけれ共、其の影響する所は案外大きかつた。といふのは、此等の事が当時追々芽ばえんとしつつあつた我が朝野有識者の社会事業に対する注意を、促進し、助長し、或る意味に於いては、此等の催が日本に於ける社会事業の一新紀元を象徴したものといふても可いやうに見えたからである。[325]」と記している。

このように、山室は救世軍の支援者の筆頭として渋沢の名を挙げ、渋沢が官民の名士達に社会事業の重要性を喚起させたことにより、社会事業における新しい時代の始まりとなったと述べているのである。

歴史学者の見城悌治[326]は、「渋沢にとっての「宗教」概念とは、「精神界」や「道徳」とほぼ同じ範疇の中にあり[327]」と述べ、経営学者の島田昌和は、「渋沢は道徳や倫理の単線的な延長線上に宗教を考えていた。[328]」と指摘している。渋沢の宗教観は、旧幕臣らしく武士としての覚悟を彷彿とさせる「仏神は貴し、仏神をたのまず[329]」、或いは、「さむらいの道には、たのむ神などというものはない。[330]」という意識に近い不羈の印象が感じられる。渋沢の公益思想の根幹には、社会的弱者への「労り」と共に、公益事業を推進する同志に対しては、イデオロギーや思想信条を超えた「励まし」があったのではないだろうか。

3　救護法の施行に至るまでの渋沢の尽瘁

渋沢の公益思想を検討するにあたり、第2章で触れた困窮者救済は本来人民相互の情誼によって行われるべきとした恤救規則に替わり、公的責任を認めた救護法[331]施行[332]への渋沢の関わりについて検討する。

吉田晴一[333]によれば、「救護法は救護が市町村長の義務であることを明確に規定し、収容救護について市町村自らの救護施設への収容のほか、私設を含む他の救護施設への収容の委託を認めた。[334]」とされるが、昭和4年（1929）に法律として成立したものの、その施行は、渋沢逝去後の昭和7年（1932）1月まで待たなければならなかった。当時、施行に至る渋沢の果たした役割について、原胤昭の養子であった原泰一[335]が、昭和48年（1973）6月、弘済会館で行われたインタビューの中で、昭和5年（1930）12月の渋沢の思い出として語った記録があり、以下、引用する。

「私は、渋沢さんは実に珍しい方だと思っておるんですよ。（中略）社会事業のことについてほんとにできるだけの力をかしてくださったと思っておるんですよ。特に忘れられないことは、渋沢さんが病気になられたんです、それが最後でしたがね。そのときは例の救護法の運動が盛んであった時代なんです。それが幾らやってもデッドロックに乗り上げて、もうどうにも動かない状況だったのです。（中略）ほんとにワラでもつかみたい、もうだめだという時でしたから、渋沢さんが言ってくださったらどうにかなるだろうという気持ちがあったから、子爵に頼もうということになり、もう決議しちゃった。（中略）そうして二〇人ばかりの陳情団を飛鳥山(東京都北区)にやったわけです。私も同時に向こうに行った。（中略）せっかくおれを頼んで、この渋沢に動いてもらおうと思って頼みに来ていられるのに、それに会わずに帰すということは私にはできないと言って、ちゃんと起きて、はかまをはいて、紋付きの羽織を着て、そうして出て来られた。三八度幾らの熱があったときですから、私はびっくりしちゃったんです。（中略）それで一行の代表が、いまでも忘れやしない、大阪の岩井岩吉[336]という熱心な民生委員がいたんです。この人が涙にむせびながら、子爵のお力がなければどうにもできない、どうぞ子爵のお力によって救護法ができるようにしてくださいと言って泣き出した。そうすると、子爵はジーッと聞いていられるうちに、涙がぽろぽろ流れ落ちるのです。そうして、「渋沢は病んでおるけれども、できるだけのことをいたしますから・・・。」と言って、（中略）子爵がこれから安達（内相）さんと井上さんに会いに行くと言うんです。（中略）順天堂病院の院長が（中略）飛んで来られ（中略）主治医の責任において子爵にすぐに寝られることを命じますと言った。ところが、そんなことを云ってくれるな、おれはもうどれだけ生きられるかわからない、おれの命をみんなに与えていくのは本望だ、どうか行かせてくれと言ってとうとう自動車まで出さした。（中略）安達さんが向こうから来てくださるそうですから、子爵、しばらくここで休んでいらっしゃってくださいと言ったら、いや、ものを頼むのに呼びつけて頼むという筋はありませんからと言って、（中略）もうしかたがないからというので、私も一緒に乗って、安達さんに逢いに内務大臣官邸まで行ったのです。（中略）子爵が杖をついて、内務大臣官邸の大臣室へトボトボと（中略）一緒に手を引いて大臣の部屋に行った。（中略）すぐ安達さん、救護法のことを頼みます、困っている人を生かしてやってくださいと涙を流しながらしわがれ声で頼まれた。そうしたら安達さんはすぐよく心得ましたと、二人は暫し涙の対面でした、（中略）それからずっと寝込んだまま子爵はとうとう亡くなられました（１９３１年没）。私はいまでも、そのときのことを思うと、ほんとに人間至誠の人というものは、こうあるのかと感じました。もうそれでよかったのだ、自分に済まないことをしたと思いながら、やはりそれでよかったのだ、子爵としてもさぞ満足してくださっただろうと今でも思っています。（中略）だから救護法は、できない運命にあったものができたのだと思ってわずかに慰められいるような次第なんです。[337]」と語っている。

この原泰一の証言ともいうべき記録は、民の代表として渋沢が官の代表である大臣に対峙し、自らの生命との引き換えも辞さず、救護法実施に向けて行動したこと如実に物語っている。救護法実施については、別の視点からの検証も必要と思われる為、さらに論考を進める。

昭和6年（１９３１）１２月、東京市公会堂で行われた故渋沢子爵追悼講演会[338]において、渋沢と対峙した内務大臣安達謙蔵[339]が、当時の詳細を含め追悼演説を行っている。渋沢の公益思想の根幹となるエッセンスが凝縮していると考えられ、親族の一人として、その場で演説を聴いた渋沢の孫である穂積重遠[340]の記述を以下、引用する。

「祖父は明治大正産業界の大先達たるいわゆる『実業家』たったのですが、孫たる私の目には、むしろ『社会事業家』として映っていました。（中略）実業界の方の『一生の仕事』だった第一銀行頭取は大正五年に辞任するまで四十三年間でしたが、養育院長の方は本当に一生で、五十五年間でした。（中略）祖父の最後の今一つの仕事は救護法実施への努力でした。救護法は昭和四年に成立したのですが、政府が財政難のために予算を組まないので、そのまま捨て置かれたのであります。そこで昭和五年十二月に全國の方面委員と社会事業家の代表が（中略）最後の手段として、渋沢さんに頼む外ないということになり、（中略）二十人の代表者が王子の渋沢邸を訪問し、（中略）祖父は病床に在つて体温も相当高かったのですが、家人の制止を退けて、引見面談し、医者の反対を押し切って即日安達内務大臣を訪問しました。その熱心が当局を動かして、救護法は昭和七年から実施されることになつたのであります。祖父は昭和六年十一月十一日（中略）一生を終わりましたが、その直後盛大な追悼会が催され各界諸名士の追悼演説がありました。私は親族席の末に連なつて（中略）その中でも特に私の心を打ったのは、（中略）安達謙蔵さんが声涙共にくだるとでも申すべき熱情のこもった演説をされ（中略）救癩事業の相談を受けたことについて語ったのち、救護法問題について左の如く述べました。

昨年の暮れのある寒い日であった。私は突然渋沢子爵から面会したいとの電話を受けました。（中略）御用事があれば私の方からうかがいましようと申したところが、「いや私の方から頼む用事であるから、こちらからうかがいます。」ということであった。私は今さらのように礼譲に厚い老子爵の上を思うて、御待ちしていると、間もなく訪ねて来られました。キチンと羽織袴をつけておられますけれども、おひげもはえたままで、病中を無理に押して来られた痛々しい御姿であつたのであります。さて老子爵は、今日全國の方面委員の代表者が訪ねて来られて、目下二万の方面委員が世話している無告の窮民が二十万近くあって、その人たちが甚だしい窮乏に陥っている。これを救うために既に制定された救護法があるのであるから、是非それを実現してもらいたいと、一生懸命当局へお願いしているのであるが、財政窮乏のおりから中々難しいようである。この人たちを餓死せしめることはまことに忍びないことであるから、私にも是非加勢をせよ、との懇望であった。私も直接社会事業に関係しているので、それは方面委員に頼まれるまでもなく私の責任でもある、と申して御引受をしましたので、引籠中こんなむさくるしい風をいたしておりまするが、すぐにこちらへまかり出た次第である。どうか当局大臣として、この二十万の同胞を飢餓から救うために、是非救護法の実現に尽力されたいと誠心をこめて申されました。私は思わず頭を下げました。実際あの老躯で、この寒中病を押して同胞を救うために我が苦痛を忘れ、わざわざたずね来られたその至誠その熱情を思うと、心底敬意を表さずにはおられなかったのであります。[341]」と、安達の演説を記している。

安達は、まさに当事者であり、直接管轄する大臣として、渋沢の熱誠に何としても応えなければ、と決意を新たにしたのではないだろうか。

さらに重遠は続ける。「かくして安達謙蔵さんの追悼演説は、祖父の社会事業が金を寄附するだけの社会事業でなかったことを、よく示すものでありました。(中略)祖父の年講の最後の年なる昭和六年の項

に

一月　癩予防協会会頭トナル

五月　全日本方面委員聯盟会会長トナル

八月　中華民國水災同情会会長トナル

とあるのは、社会事業家渋沢栄一の九十二年の一生の誠にふさわしい結びであります。かくして渋沢栄一は、偉大なる実業家であると同時に偉大なる社会事業家であった、そして渋沢の実業は、単なる営利事業ではなくて、これ又廣い意味の社会事業であった」と稿を結んでいる。

半世紀近く渋沢の身近に接していた重遠の指摘は、非常に重要な意味があるのではないだろうか。渋沢は、国を富まし民を済うという点において、実業と狭義の社会事業を同時並行で推進すべきと考え、寧ろ実業こそ狭義の社会事業を推進する財政的な裏付けとなるものとして取り組んだともいえる。換言すれば、渋沢の実業とは、社会事業全体の一側面であり、狭義の社会事業と合わせ、重遠のいう「廣い意味の社会事業」を構成したものといえよう。

4　渋沢による教育貢献―早稲田・一橋大学への支援など

本書で検討してきたように、渋沢栄一は、近代日本の公益福祉の基盤を作り上げた「日本公益福祉の父」とも呼ぶべきで存在と考える。但し、それのみでは、渋沢の公益思想の全体像を把握することは出来ない。何故ならば、序章で述べたように、渋沢は生涯に500の企業と共に600の社会事業の設立に関与しており、公益については、福祉への貢献に加えて、教育支援に関する検討が必要となると考える。

渋沢の全生涯における記録に残っている寄附金総額は、約1833万3972円[342]である。財団法人渋沢栄一記念財団が2006年時点での貨幣価値に換算し、およそ千倍の18億3979万円程と推計しており、寄贈分野別に見ると、「教育・学術」が金額比率で35%と、最大の寄付金寄贈対象であり、「社会事業・福祉」の同19%を上回っていることにも象徴的に表れている。[343]

次章で触れるSDGsについては、沖縄科学技術大学院大学のカリン・マルキデス[344]が、「SDGsは公的部門や産業界だけでは対応できない。オープンに他者を招き入れ、架け橋になることが大学の使命だ[345]」と述べ、産官学連携の重要性を指摘している。まさに、「民」が主体となり、「官」を先導し、その人材育成を担う「学」を支援した渋沢の思想と相通ずるものがあると考える。ここで、渋沢の具体的な教育支援について、検討する。

渋沢の大蔵省時代の上司であった大隈重信が創立した早稲田大学への支援について、早稲田大学大学史資料センター所長の渡邉義浩[346]の著作を以下、引用する。

大隈が早稲田大学の前身となる東京専門学校を設立した5年後となる「1887年(明治20)、渋沢栄一は、資金難に陥っている大隈を救うべく、雉子橋にあった大隈邸のフランス公使館への売却を仲介します。(中略)こうして、大隈は経営難に苦しんでいた学校経営を軌道に乗せることができました。[347]」とあり、創立間もない頃から経営支援を行っていたことが解る。また、「文系に比べて桁違いの費用が掛かる(中略)理工科の資金集めには、渋沢栄一らが尽力をしました。(中略)創立二十五周年の式典では、第二期計画が発表され、基金募集の原案が作られて、その趣旨書が明治41年(1908)に公表されます。これによると、理工科(中略)さらに医学科を設立することも述べられていました。(中略)しかし、折からの財政の逼迫もあり、計画の一部を変更し、医科は後日に期し、専ら理工科へ集中することとなりました。(中略)明治41年(1908)、基金の募集に対して、伊藤博文の尽力で、皇室から三万円の下賜があり、(中略)渋沢栄一は、自ら多額の寄附を寄せて校賓の称号を得るとともに、基金管理委員長も引き受けたのです。以来、昭和2年(1927)に基金管理規定が廃止されるまで、渋沢は、早稲田大学の「帳簿番」として、基金の使途を監督するだけでなく、基金募集の際[348]には、熱心に各方面に対して寄附の勧誘を試み[349]」「巨額の資金を要する大学部理工科の開設に、私立では最初に成功したのでした。[350]」とある。

この辺りの事情について、市島謙吉[351]は、「早稲田大学の今日の大を致したのは、子爵のお力に依ることが殊に多いのである。（中略）早稲田大学で幾回か巨額の基金を募ったが、それぞれ何時も大なる加勢をされた。子爵の加勢が無かったならば、毎回の募集も或は成功しなかったかも知れぬ。（中略）子爵の援助は決して睨み丈ではなく、必ず自分から足を労して有力者を訪問し、自ら勧誘されたのである。（中略）勧誘を受けた面々が辞し去らんとするを、寄付の申込用紙を卓に載せてその通路を遮り、子爵自らそこに出張って銘々に書かされたこともあった。[352]」と記している。足掛け２０年に亘り、早稲田大学の財政を支え続けた渋沢の支援は実に多大であったといえる。

また、大隈重信から成瀬仁蔵[353]を紹介[354]され、創立に協力した日本女子大学においても、渋沢は、９１歳で逝去する年となる昭和６年（１９３１）に、校長就任を受諾している。

日本の商業教育の先駆けとなった一橋大学における渋沢との関わりについても、以下、触れておきたい。明治８年（１８７５）、森有礼[355]、福沢諭吉[356]が中心となり、産業界の指導者育成を目的として商法講習所を設立した。国力の基本は経済にあると考えた森による米国のビジネス・カレッジを模倣した私塾であったが、森が清国公使として日本を離れた為、渋沢が会頭を務める東京会議所が引き取り、七分積金の資金を基に運営を行った。その後、渋沢は商議員として組織づくりと財政・運営面で支援し、政府文部省に働き掛け続け、商法講習所が東京高等商業学校、東京商科大学（現在の一橋大学）と昇格するにあたり多大な貢献を果たした。[357]クリスティーナ・L・アメージャン[358]は、「渋沢栄一がいなかったら、今、一橋という大学は存在しません。（中略）運営や財政面で支援をし、存続の危機を幾度となく救ってくれました。（中略）渋沢栄一をロールモデルに、彼のようにビジネス（事業）とソーシャル（社会貢献）の両方を視野に入れて考え、行動できるリーダーを育成しようとの思いを込め（中略）学生たちに渋沢の思想と業績を伝えることが自分のミッションだと思っています。[359]」と語っている。

このような大学の財政や運営に関する支援に加え、渋沢は東京大学文学部理財学科で、明治15年（1882）から数年間、学生に対して、「日本財政論」と称して、「我が国の銀行業務の実況、主要都市に於ける商業の実況、日本銀行の組織および業務」の講義を行っている。[360]

さらに、渋沢は様々な商業学校の入学式等でも祝辞[361]を述べている。大正5年（1916）に、大倉商業学校[362]の始業式における学生に対する渋沢の訓示を、以下、引用する。

「此大倉商業学校の学生が残らず豪い天才であることを望むのではない、併し多数の人が完全なる人格を備へ、精神と知識と兼備するので国家は初めて強いのである[363]」と述べている。

この渋沢の訓示に象徴されるように、官立・私立・女子大学、商業学校等の多様な教育機関に対する物心両面に亘る支援は何を意味しているのか。官尊民卑、男尊女卑の風潮が一般的であった時代にあって、あらゆる階層の男女青年を、人格と知識を兼ね備えた人材に育てることで、強く豊かな日本を創ることを、渋沢は願って行動していたのではないだろうか。

明治41年（1908）9月に、近代日本最初の女優と評される川上貞奴[364]が後進の女優を育成する為、帝国女優養成所[365]を創立した記念会に臨席した渋沢の挨拶を、以下、引用する。

「徳川時代に、先ず三つ賤しいものとして社会から排斥されたものがある。即ち商売人、女子、そして俳優だ。其商売人は不肖ながら吾輩抔の手で、多少賤しくなくなったが、未だ女と俳優は中々賤しめられて居る。（中略）然し不肖渋沢は諸嬢の熱誠な賛助者だ。諸嬢等が此の不完全な社会から受くる悪評は、社会に向かって弁護もし、保証もする。だから、諸嬢はよろしく自重して堂々たる帝国の女優として耻ぢざる様な修養を積んで戴きたい。」と、14名の生徒を激励している。[366]

見城悌治は、この挨拶について、「「徳川時代」の価値認識がまだ残る当時、「賤視」されていた商人・女子などに、渋沢がきわめて暖かい眼差しを寄せていたことが改めて確認できる。（中略）渋沢の念頭には、旧態然とした諸問題を払拭し、かつ新しい時代を切り開いていく手段は「教育」のほかにないという意識が強く刻印されていたと思われる。（中略）近代日本社会を支えていくすべての「民」に対しての呼びかけであったといえる（中略）養育院における教育など、いわば「陽のあたらない分野」の人材にも留意し（中略）近代日本社会全体を底上げするための幅広い「民」を対象とした教育に、渋沢は直接間接にかかわっていたのである。[367]」と述べている。正に渋沢の「教育」に対する多様性と包摂の認識を的確に表現した指摘ではないだろうか。

5　渋沢による公益思想の啓発

これまで見てきたように、渋沢は公益の継続的な拡充を企図し、日本の将来の担い手を育成すべく教育分野においても貢献した。当節では、渋沢による実業界メンバーへの公益思想の啓発について検討する。渋沢は生涯4回の訪米をしているが、なかでも、明治42年（1909）に、各地の商業会議所を代表する実業家等を団長としてまとめ、「渡米実業団」として、3か月に亘り、25の州、60の都市を訪問している。[368]

そのメンバーの中には、東京商業会議所議員、東武鉄道株式会社社長であり、衆議院議員でもあった根津嘉一郎[369]が入っている。[370]根津は自著で、「私は明治四十二年、渋沢栄一男爵を団長とした実業視察団の一員に加わって亜米利加へ渡ったが、亜米利加では、数かずの感服した話がある。第一に亜米利加人は郷土を愛する心、愛郷心と云ふものが強くて、大抵どこの土地にも、図書館や、学校や、病院等が立派に建設されている。（中略）其のやうな金のかかる建造物の総ては、土地の有力者から寄附金を募集して建てたもので、亜米利加人は斯る公共的の事業に対しては、巨額の金を惜しまないのである。[371]」と述べている。

木村昌人は、根津の「数かずの感服した話」について、「米国実業家のフィランソロピー活動は、渡米実業団に加わった日本の実業家に大きな影響を及ぼした。根津嘉一郎（東武鉄道社長）は、もともと「社会から得た利益は社会に還元する必要がある」という信念を持っていたが、渡米により米国内の美術館や私立学校が、実業家の寄付やリーダーシップによって創設されていることを知り、慈善活動の表現方法を学んだ。帰国後、根津は武蔵高等学校を設立した。長年の古美術品のコレクションは、遺志を継いだ二代根津嘉一郎が1940年に根津美術館を創設して公開し、今日に至っている。[372]」と、根津の渡米実業団への参加が、公益の実現と承継に繋がったことを指摘している。

根津美術館が立地する東京都港区も、根津について、「1909年、視察団の一員として渡米。大富豪ロックフェラーと会談し、公共事業に財産を寄付するという考えに感銘を受けます。帰国後、故郷である山梨県内の小学校にピアノやミシンを寄贈したほか、学校の設立や橋の建設等、事業で得た利益を社会に還元しました。[373]」と、根津の渡米経験が帰国後の公益への貢献に与えた影響を記している。

帰国後の大正2年（1913）に、東北地方全体が冷害で凶作となると、渋沢は財界関係者や代議士たちを中心に「東北凶作救済会」を設立し救済に乗り出しているが、この年の夏、渋沢は根津嘉一郎らと共に「東北振興会」を設立している。[374]詳細な記録が残っていない為、推測の域を出ないが、米国訪問中の鉄道移動の車窓にあって、渋沢と根津は、近代日本におけるインフラとしての鉄道の重要性だけではなく、経済、教育、福祉、文化等の在り方や将来像についても語り合ったのではないだろうか。

渋沢が、共に行動をした人々をして、公益推進者たらしめたのは、ひとり渡米実業団に参加した根津嘉一郎だけではあるまい。[375]「金銭は世を益する事のために散ずるがよいと考える。自分は淡白主義であり、中産者で満足である」[376]と語っていた渋沢は、教育を通して次世代を育成すると同時に、自ら範を示して同時代を生きる実財界人を公益推進の同志として糾合していったようにも思える。渋沢が、『論語と算盤』冒頭の格言五則に挙げられている「志意修まれば、即ち富貴を驕どり、道義重ければ、即ち王公を軽しとす。[377]」の実践を生涯貫いたからこそ、自身の人生を振り返り、「成功や失敗の如きは、ただ丹精した人の身に残る糟粕のようなものである」[378]と達観したのではないだろうか。

6　渋沢による「三事業」への挑戦

本書序章で、「渋沢は、大正5年（1916）に76歳で、実業界の第一線を退いた後、残された三事業として「経済と道徳の一致」、「資本と労働の調和」、「細民救恤手段の統一」を挙げ、晩年まで力を注いだ。」と述べた。ここで、渋沢が挑戦した「三事業」について、その取り組みを確認しておきたい。まず、「経済と道徳の一致」について検討する。

見城悌治は、渋沢が松平定信に高い評価を与えた背景として、「まず、日露戦争後社会で展開された地方改良運動[379]との関連を考える必要がある。[380]」とし、「第一次世界大戦[381]以降の「成金」が跋扈し、また労農運動が激化する時代のなか、「道徳と経済の調和」という課題は、（中略）社会が求める喫緊のテーマとなっていた。[382]」と指摘している。そのうえで、「渋沢が、「論語算盤」論という語り方を積極的に鼓吹しはじめたのは、実業界の第一線を退いた1910年前後からである[383]」とし、「幕末の尊攘運動や明治国家形成に関与した渋沢において、「公益」と「国家」が不可分のものと認識される傾向にあった点は否定できない。それは時代状況から当然の行為であったとも言える。[384]」と、渋沢の公益思想を位置付けている。

渋沢は、明治41年（1908）に三島中洲[385]と出会い、論語の理解について教えを受け、明治44年（1911）から、大正6年（1917）にかけて、宇野哲人[386]より、月に一・二回講師として『論語』についての講義を受けた。[387]『論語』への理解が深まった渋沢は、大正5年（1916）に『論語と算盤』を、大正14年（1925）に『論語講義』を発刊している。[388]この「経済と道徳の一致」については、実財界が渋沢の理想とする姿を示したか否かの詳細な検討は必要であるが、これらの著作及び前節で検討した教育支援における様々な主張や講義を含め、その訴求は、一定程度、出来得たものと考える。

次に、「資本と労働の調和」における渋沢の役割について、検討を進める。第一次世界大戦を通じて日本の資本主義産業は飛躍的な発展を遂げ、労働争議が続発していた時代であった大正8年（1919）に、内務大臣の床次竹二郎[389]を中心とする内務官僚と渋沢ら財界人が協力し、貴族院議長の徳川家達[390]を会長として協調会が発足する。労使協調を推進し、労働事情の調査・研究、労働者教育、労働争議の仲裁・和解などを事業としたが、労働界からの参加は無かった。[391]副会長に就いた渋沢は、大正9年（１９２０）に、協調会機関誌『社会政策時報』創刊号へ、「労働問題解決の根本義[392]」を寄稿しており、以下、引用する。

渋沢は、「社会政策の要義は王道履行の一語に盡きる。（中略）時代の文野、民衆の智愚に拘はらず治世の要は常に社會政策の實行に在る[393]」とした。傘寿を迎える渋沢は、日本の近代化を推進してきた自負からか、「一體労働問題を今日のやうに急速に發現させたに就ては謂はば私にも大に其責任があるので、此れが解決には人一倍心力を盡さねばならないやうに感ずる[394]」と記し、「我國に於て工業労働者という一團が出現したのは極めて近年のことである[395]」と時代の変化を指摘する。そして、「とかく資本家の陥りや易い偏見は、賃金を與へれば主人であり、之を受ければ家來であると云ふやうな封建的の観念である。（中略）此の陋習の打破、即ち資本家の自覚が第一だと私は考へた。（中略）第二は労働者の自覚である。（中略）労働の根本意義は社會奉仕である。（中略）労働者が資本家に對して僻んだ考を持ち、徒に人を敵視するか又は自己の便益のみを謀って資本家を敬愛することなければ、即ち社會奉仕に悖る。[396]」と断じる。

さらに、「友愛會[397]に對しても其の穏健摯實なる発展を切望して已まなかつた次第であつた。（中略）資本労働双方の覚醒を促して切に両者階級闘争の謬見を正し、其の間の協同調和の保つて行くには、両者の孰れにも偏せずして、公正不偏の立場にある機関を組織して、其の誠實なる活動に俟つのは最も適切なる方策である。[398]」と訴えた。

このような渋沢の主張に対して、労働界の代表とされた友愛会の態度はどのようなものであったのか。会長の鈴木文治[399]が、協調会が発足した大正8年（1919）に、友愛会の機関誌『労働及産業』に「労働協調会を評す」を寄稿しており、以下、引用する。

「徳川貴族院議長大岡衆議院議長[400]清浦枢密院副議長渋沢男爵四氏の発起にかかる所謂資本労働協調会なるものは、（中略）実に重大なる疑問の存するのを覚ゆるのである。第一協調といふ時に於ては協調さるべき當事者が共に對等の實力あることを前提とする。（中略）然るに（中略）今日と雖も尚ほ多数の資本家の迷夢は醒むる事なくして資本家の命、唯維れ従ふと云ふ状態に在る事を以て所謂我國固有の美風なりと称して居るではないか。（中略）而も本會は豪も労働組合に言及する所なきのみならず其創立の動機並に時機より察する時は寧ろ其発達を緩和せむとするの傾向ある事は、之を拒み難いのである。[401]」と、労働側に力量が無く、とても協調など覚束ない状況であることを指摘する。

続いて、「第二に考ふべきは協調會の基金である。發起人側の言明する所に據れば基金は之を一部政府の補助に求むべく又一部は御下賜金の御沙汰もあるべきやに傳ふるけれ共、其大部分は富豪資本家の義捐に俟つべきは言ふ迄もない。協調會は飽く迄も公平無私厳正の態度を以て労働問題に臨むべしと云ふけれ共富豪資本の義捐に依る資金を以て果して斯くの如き態度を期し得べきであらうか。[402]」と、その設立資金の出所を問題として挙げ、組織の中立性に疑問を呈している。

さらに、「發起人等が所謂労働問題に對する精神的態度は、或は貧民問題に對すると同様の動機に出づるではあるまいか。即ち労働問題と慈善救済の問題とを混同せる傾きがありはしないか。果して然らば之れ實に今日の時勢に對する重大なる錯誤に陥るものと評せざるを得ない。今日の労働者の求むる所は決して慈善ではなくして社會的公正である。彼等は必ずしも衣食の上に救済を求めむとするには非ずして其正當なる権利を認む事を要求するものである。[403]」と主張する。まさに、「資本と労働の調和」については、養育院に尽瘁した渋沢の土俵とは性質が異なる社会問題であり、発起人の発想の土台となる課題認識に対する強い批判を浴びせている。

加えて、「第三に本會の成立に就て内務省当局者が最初より盡力してゐた事は明らかなる事實であって、更に徹底的に之れを云えば内務省警保局の案なりと云ふも妨げないのである。(中略)本會は政府の委託を受けて生まれたものなりと評せらるるも亦致し方ないと思ふ。[404]」と、協調会を政府の謂わば御用団体と位置付けているのである。さらには、「第四に本會が労働團體に對する態度に就て(中略)直接發起人の一人たる渋沢男爵に質し、男爵は力を極めて労働團體圧迫等の事なき事を説かれたけれ共其創立の動機より見れば吾人に於て尚ほ釈然たるを得ないものがあるのである。[405]」と、鈴木が渋沢と直接やり取りをした後も、協調会による労働団体への圧迫の疑念は払拭出来なかったようである。

鈴木は、「即ち一種労働組合の代表的團體を組織し温情主義、救済主義の團體を以て組合其ものの代用とせむとしたるは種々の事實に依つて之を證明するを得ると思ふ。（中略）要するに本會の如きは（中略）其現實の計畫に至つては餘りに時代後れの産物なりと評せざるを得ないのである。（中略）今日に於ける協調會の成立は政府筋、資本家筋の舊弊なる思想の表現[406]」と結論付けている。このように、「資本と労働の調和」については、渋沢は協調会副会長として、資本家と労働者の仲裁・和解には至らなかったといえる。

しかしながら、渋沢は、「天下は資本家と労働者のみの天下では無い、社會構成の中心分子は大多数の公衆である、資本も社會の為に存し労働も社會の為に存する、社会共同の福祉を離れては資本も労働も其用を成さぬ、（中略）私をして言はしむれば（中略）協調会の趣意は交温主義であって、資本家も労働者も互に敬愛忠恕の心を以て交を温め合ふのである、斯くして相共に社會の福祉の為に同心戮力せんとするものである。[407]」と主張する。まさにこの主張にこそ、労働者側の権利を主張する鈴木とは異なる渋沢の社会全体への視座及び福祉への眼差しが窺える。即ち資本家と労働者の間で置き去りにされがちな大多数の公衆の幸福を願う渋沢の公益思想が感じられるのである。

三つ目の事業である「細民救恤手段の統一」については、養育院に焦点を当てた第4章で詳述したように、国民全体を対象とする全国的な窮民救済への対応とはならなかったものの、渋沢が挑んだ救済事業は、日本の公的救済事業の嚆矢となり、現在の首都東京の福祉に繋がる基盤づくりに貢献したと考える。

注　第5章

(285)財団法人竜門社『龍門雑誌』第481号、窪田静太郎「社会事業と青淵先生」、竜門社、1928年、133頁。

(286)日本大百科全書：1865～1946年。岡山県出身の社会事業家。内務省にて、伝染病予防法（1897年）、癩予防法（1907年）制定に功績。貧民研究会（1900年）を設立し、中央慈善協会（1908年）創設に尽力。

(287)関西学院大学『関西学院大学社会学部紀要』103号、片岡優子「原胤昭の生涯とその事業─中央慈善協会における活動を中心として─」2007年10月、85頁。

(288)国立国会図書館「近代日本人の肖像」：1866～1945年。広島出身の警察官僚。1905年、警視庁第一部長として、日比谷焼打事件を鎮圧。

(289)国立国会図書館「近代日本人の肖像」：1868～1932年。鳥取出身の学者。社会政策学会を設立。欧州留学後、社会政策立案の中心的役割を果たす。

(290)デジタル版日本人名大辞典＋Plus：1853～1942年。江戸出身の社会事業家。維新後、受洗。1883年、新聞紙条例違反による入獄体験から監獄改良を志し教誨師となる。出獄者1万人を保護救済。

(291)日本大百科全書：1864～1934年。岡山出身の社会事業家。同志社英学校卒業後、伝道に従事。教誨師となり、感化事業と少年救護を志し、米国留学を経て、東京巣鴨と北海道に家庭学校を設立。

(292)大谷まこと、同掲書、162頁。

(293)片岡優子、同掲論文、86頁。

(294)大谷まこと 同掲書、2011年、161～163頁。

(295)国立国会図書館「近代日本人の肖像」：1850～1942年。熊本出身の官僚、政治家。保安条例制定に尽力。司法相、農商務相、枢密院議長を経て、1924年に首相。

(296)財団法人竜門社『龍門雑誌』第481号、窪田静太郎「社会事業と青淵先生」、竜門社、1928年、134頁。

(297)原胤昭編集兼発行『慈善』第1編第1号、中央慈善協会、1909年7月、23頁。
(298)原胤昭編集兼発行、同掲誌、21頁。
(299)大谷まこと、同掲書、161頁。
(300)原胤昭編集兼発行、同掲誌、2頁。
(301)同掲誌、3~4頁。
(302)同掲誌、5頁。
(303)社会福祉法人全国社会福祉協議会HP：法人概要による。2023年4月閲覧。
(304)財団法人中央社会事業事業協会『厚生問題』第26巻第5号、中央社会事業協会、窪田静太郎「故原胤昭翁追悼 原胤昭君の事績を憶ふ」、1942年5月、26~32頁。
(305)国立国会図書館「近代日本人の肖像」：1857~1929年。水沢藩出身。明治大正時代の政治家。内務省衛生局長、台湾民政長官、満鉄初代総裁、内相、外相、東京市長を歴任。1928年伯爵。
(306)財団法人中央社会事業事業協会、同掲書、27頁。
(307)同掲書、27頁。
(308)同掲書、26頁。
(309)同掲書、28頁。
(310)同掲書、28頁。
(311)同掲書、28頁。
(312)同掲書、32頁。

(313)同掲書、29頁。

(314)大谷まこと 同掲書、163頁。

(315)大谷まこと 同掲書、194頁。オリジナルの出典は、財団法人竜門社編『龍門雑誌』第523号、竜門社、1935年、35頁。

(316)財団法人中央社会事業事業協会、同掲書、33頁。

(317)同掲書、33頁。

(318)渋沢青淵記念財団竜門社編『渋沢栄一伝記資料』第46巻、「雨夜譚会談話筆記」(1928年1月)、渋沢青淵記念財団竜門社、1960年、412頁。

(319)大谷まこと、同掲書、196頁。

(320)大谷まこと、同掲書、206頁。

(321)ウィキペディア:1872~1940年。岡山出身の宗教家。日本人初の救世軍士官。

(322)ウィキペディア:キリスト教プロテスタントの一派及び慈善団体。世界133の国と地域で、伝道、社会福祉、教育、医療事業を推進する。

(323)ウィキペディア:1829~1912年。イギリスのメソジスト説教者。救世軍の創立者にして初代大将。

(324)国立国会図書館「近代日本人の肖像」:1852~1923年。東京都出身。政治家、ジャーナリスト。明治14年に横浜毎日新聞社に入社。衆議院議員。衆議院議長。

(325)渋沢青淵記念財団竜門社編デジタル版『渋沢栄一伝記資料』、第42巻、140頁、渋沢栄一伝記資料刊行会、2016年。初出は、財団法人竜門社『竜門雑誌』第481号、山室軍平「渋沢子爵と救世軍」、1928年10月、竜門社、374~375頁。

(326)ウィキペディア:1961年~。歴史学者。千葉大学教授。博士(文学)。

(327)見城悌治編著『帰一協会の挑戦と渋沢栄一 グローバル時代の「普遍」を目指して』、ミネルヴァ書房、2018年2月、108頁。

(328)文京学院大学『経営論集』第17巻第1号、島田昌和「経営者における道徳と宗教―渋沢栄一と帰一協会―」、文京学院大学、2007年11月、16頁。

(329)魚住孝至編『宮本武蔵 五輪書』、角川ソフィア文庫、2012年、33〜34頁の記載による。宮本武蔵『独行道』、正保2年(1645)、熊本県立美術館所蔵、二十一箇条の19番目の文言。

(330)吉川英治『吉川英治歴史時代文庫17宮本武蔵(四)』、講談社、1989年、359頁

(331)日本大百科全書：貧困で生活不能の者に対して公的救護義務主義にたって救護することを明らかにした救貧立法。昭和4年(1929)法律第39号として制定。

(332)昭和7年(1932)1月施行。

(333)一般社団法人日本社会福祉学会編集『社会福祉学』への寄稿者。詳細不明。

(334)一般社団法人日本社会福祉学会編集『社会福祉学』第56巻第1号、一般社団法人日本社会福祉学会、2015年、吉田晴一「救護法における私設の救護施設が担う公的な救護の意義」25頁。

(335)ウィキペディア：1884〜1977年。米国留学、欧米視察後、司法省、内務省事務嘱託。中央社会事業委員会理事。救護法の大家。方面委員(現在の民生委員制度)の考案者。

(336)大阪府社会事業連盟『社会事業研究』第26第4号、岩井岩吉「出放題」、大阪府厚生事業協会、1938年3月、38頁によれば、「私が方面委員になったのは、大正7年(1918)の歳である。(中略)その困難は全く豫想外であつて、方面からの金品補給によって辛うじてそれ等の人達の露命を支ふるのに、方面委員は一生懸命である。」との記述あり。『渋沢栄一伝記資料』によれば、没年不詳。

(337)吉田久一、一番ケ瀬康子編『昭和社会事業史への証言』、原泰一「救護法の制定を促進して」、ドメス出版、1982年、67〜70頁。

(338)渋沢青淵記念財団竜門社編『渋沢栄一伝記資料』第30巻、「社会事業団体催故渋沢子爵追悼講演会」渋沢栄一伝記資料刊行会、1965年、639頁。初出は、財団法人竜門社『竜門雑誌』第519号、財団法人竜門社、1931年12月、136〜137頁。

(339)国立国会図書館近代日本人の肖像：1864〜1948年。熊本出身の政治家。衆議院議員。逓相。内相。

(340)国立国会図書館近代日本人の肖像：1883～1951年。渋沢栄一の長女歌子の長男。欧米留学後、東京帝大教授。
(341)厚生省監修『厚生時報』3（7）、穂積重遠「社会事業家としての渋沢さん」、厚生行政研究会、1948年11月、19～20頁。
(342)植村美洋『渋沢栄一と松平定信』、現代書館、2022年、142頁。
(343)橘川武郎、島田昌和、田中一弘編著『渋沢栄一と人づくり』、有斐閣、2013年、橘川武郎「渋沢栄一の人づくりに注目する理由 後発国工業化への示唆と資本主義観の再構築」、1～2頁。
(344)沖縄科学技術大学院大学HP：1951年、スウェーデン生まれ。沖縄科学技術大学院大学学長兼理事長。ストックホルム大博士（分析化学）。2023年7閲覧。
(345)日本経済新聞社編集『日本経済新聞』2023年6月18日号、日本経済新聞社、中丸亮夫、茂木祐輔、児玉章吾、「直言～閉じた大学 呪縛解け」、2頁。
(346)早稲田大学理事・文学学術院教授。文学博士。早稲田大学百五十年史編纂委員会委員長。
(347)渡邉義浩『大隈重信と早稲田大学』、早稲田新書、2022年、78頁。
(348)渡邉義浩 同掲書、125頁には、「大隈講堂は、大隈の逝去とともに建設が計画されましたが、（中略）1925年、恩賜金五千円のほか、（中略）渋沢栄一から一万五千円などの寄附を受け（中略）建築学科の教員らを中心に設計されました。」との記述がある。
(349)同掲書、226～228頁。
(350)同掲書、100頁。
(351)20世紀日本人名事典：1860～1944年。明治～昭和期の著述家、学校経営者。東京専門学校（現早稲田大学）の創立に尽力。
(352)渋沢栄一述 小貫修一郎編著『青淵回顧録』下巻、市島謙吉「子爵と早稲田大学」、青淵回顧録刊行会、1927年、1235～1236頁。
(353)デジタル版日本人名大辞典+Plus：1858～1919年。明治・大正時代の教育者。受洗し米国留学後、1901年に日本女子大学校（現日本女子大学）を創立。

(354)渡邉義浩 同掲書、184頁。

(355)国立国会図書館近代日本人の肖像：1847〜1889年。明治の外交官、政治家。1865年に鹿児島藩の留学生として英国に留学。帰国後、新政府に出仕。駐清公使、外務大輔、駐英公使、文相。

(356)国立国会図書館近代日本人の肖像：1835〜1901年。明治の代表的な啓蒙思想家、教育家、学者。1860〜1867年にかけて幕府の遣欧米使節に三度参加。1868年慶應義塾を創設。明治以降、官職に就かず位階勲等を受けず。主著に『西洋事情』、『学問のすすめ』。

(357)公益財団法人渋沢栄一記念財団編『渋沢栄一を知る事典』、東京堂出版、2012年、57〜58頁。

(358)ウィキペディア：1959年〜。アメリカ出身の商学者。一橋大学名誉教授。立教大学特任教授を歴任。

(359)都市出版編集『東京人』第36巻第4号、都市出版、巻頭座談会「今なぜ、渋沢か—世界経済は『論語と算盤』に立ち返れ。」2021年2月14日、13〜19頁。

(360)橘川武郎、島田昌和、田中一弘編著『渋沢栄一と人づくり』、有斐閣、2013年、27〜28頁。同書46頁には、1917〜18年にかけて、東京高等商業学校で全9回の渋沢の特別講義実施の記述がある。

(361)島田昌和『渋沢栄一 社会企業家の先駆者』岩波新書、2011年、170頁。

(362)ウィキペディア：明治33年（1900）に、大倉喜八郎によって創立された商業学校。現在の東京経済大学。

(363)竜門社『竜門雑誌』第340号、渋沢栄一「大倉商業学校始業式」、1916年9月、36頁。

(364)ウィキペディア：1871〜1946年。戦前の女優。

(365)公益財団法人渋沢栄一記念財団 渋沢資料館編集『渋沢栄一伝記資料』第47巻。416頁：1909年に帝国女優養成所を引き継ぎ、帝国劇場附属技芸学校と改称。渋沢栄一が総長を務めた。

(366)見城悌治編著『社会を支える「民」の育成と渋沢栄一 未来を拓く、次世代を創る』、ミネルヴァ書房、2021年4月、7頁に記載される1908年9

月16日付『読売新聞』、「予は女優保護者/渋沢男の演説」を引用。
(367)見城悌治編著 同掲書、8~9頁。
(368)学校法人根津育英会「武蔵学園百年史」HP、武蔵学園史紀伝、畑野勇「社会貢献への目覚め—根津嘉一郎にとっての渡米実業団」、2018年5月25日、2023年7月閲覧。
(369)国立国会図書館「近代日本人の肖像」:1860~1940年。山梨出身の実業家・政治家。1921年に創設した根津育英会の寄附により、武蔵高等学校(後の武蔵大学)を設立。没後に根津美術館が設立される。
(370)渋沢雅英『復刻版 太平洋にかける橋—渋沢栄一の生涯—』、不二出版、1970年、183頁。
(371)根津嘉一郎『世渡り体験談』、実業之日本社、1938年、193頁。
(372)木村昌人『渋沢栄一—日本のインフラを創った民間経済の巨人』、ちくま新書、2020年、213頁。
(373)1996年に、港区が設立した公益財団法人港区スポーツふれあい文化財団HP「港区探訪—港区の偉人 第11回 根津嘉一郎」による。2023年7月閲覧。
(374)植村美洋『渋沢栄一と松平定信』、現代書館、2022年、168頁。設立には、益田孝、大倉喜八郎等も加わっている。
(375)渋沢雅英 同掲書、182~187頁に、渡米実業団員51人の氏名が記載されている。
(376)見城悌治『渋沢栄一「道徳」と経済のあいだ』日本経済評論社、2008年、63頁。オリジナルは、竜門社『竜門雑誌』渋沢栄一「青淵先生の訓言」、1909年2月。
(377)渋沢栄一『論語と算盤』、角川ソフィア文庫、2008年、11頁。
(378)同掲書、311頁。
(379)ウィキペディア:日露戦後の社会的混乱などを是正し、国家発展に際して必要な道徳の標準を示した明治41年(1908)、明治天皇により発布された戊申詔書をきっかけに、荒廃した地方社会と市町村の改良・再建を目指す官製運動。

(380)見城悌治『渋沢栄一はなぜ「宗教」を支援したのか――「人」を見出し、共鳴を形にする』、ミネルヴァ書房、2022年、110頁。

(381)ウィキペディア：1914～1918年の世界大戦。

(382)見城悌治『渋沢栄一「道徳」と経済のあいだ』、日本経済評論社、2008年、201頁。

(383)同掲書 195頁。

(384)同掲書 209頁。

(385)国立国会図書館「近代日本人の肖像」：1831～1919年。岡山出身の漢学者、法学者。司法省出仕。大審院判事。明治10年に二松学舎創立。東京師範学校、東京大学文科大学古典科教授。宮中顧問官。

(386)ウィキペディア：1875～1974年。熊本出身の中国学者。東京帝国大学文学部志那哲学講座教授。実践女子大学初代学長。国士舘大学教授。

(387)見城悌治 同掲書195頁には、「同年からは『孟子』にテキストを変え、1923年の関東大震災により停止するまで続けられた。」との記述あり。

(388)公益財団法人渋沢栄一記念財団編『渋沢栄一を知る事典』、東京堂出版、2012年、121頁。

(389)国立国会図書館「近代日本人の肖像」：1867～1935年。鹿児島出身の政治家、官僚。衆議院議員、鉄相、逓相。

(390)国立国会図書館「近代日本人の肖像」：1863～1940年。政治家。公家・旧大名。明治元年に徳川宗家を相続。公爵。ワシントン軍縮会議全権大使。日本赤十字社社長。

(391)公益財団法人渋沢栄一記念財団編『渋沢栄一を知る事典』、東京堂出版、2012年、92頁及びデジタル大辞泉による。

(392)協調会編『社会政策時報』第1号、渋沢栄一「労働問題解決の根本義」、1920年9月、3～7頁。原書房、1978年復刻版。

(393)同掲書、3頁。

(394)同掲書、4頁。

(395)同掲書、5頁。
(396)同掲書、5～6頁。
(397)ウィキペディア：大正1年（1912）、日本で結成された労働者の相互扶助団体。日本労働運動の源流とされ、現在の日本労働組合総連合会に繋がる。
(398)同掲書、6～7頁。
(399)ウィキペディア：1885～1946年。大正から昭和初期の労働運動家。政治家。友愛会創始者であり、日本労働運動の草分け的存在。
(400)国立国会図書館「近代日本人の肖像」：1856～1928年。大岡育造。山口県出身の政治家、法律家。衆議院議員、東京市会議長、衆議院議長、文相。
(401)友愛会本部『労働及産業』通巻第97号、鈴木文治「労働協調会を評す」、友愛会本部、1919年9月、1～3頁。
(402)同掲書、4頁。
(403)同掲書、4頁。
(404)同掲書、4～5頁。
(405)同掲書、5頁。
(406)同掲書、5～8頁。
(407)協調会編 同掲書、7頁。

終章　渋沢栄一の公益思想の今日性

1　渋沢の公益思想の核心

養育院院長として様々な業務を推進したことについて、渋沢は、「私自身では大なる富を造ることは出来なかったが、実業方面に於いては、其の進歩に相当の力を添えたと申し得る積りである。而して之は、私自身に資本があった為ではなく、社会が私を信じ、私を援助して下さったからであって、決して私一個の力ではないのである。此の私の体験より申しても、資本よりも信用の大切である事を熟々感ずる次第である。」(408)と、晩年に語っている。

渋沢は実業における貢献により、60歳で「男爵」を、社会事業に対する貢献度の高さが評価され、80歳で実業界唯一の「子爵」を叙爵されている。渋沢が実業財界に身をおいたのは、33歳から引退時の76歳までの44年間であったが、養育院の仕事のキャリアは34歳から没年91歳までの58年間であり、文字通り生涯を賭けて挺身している。(409)

その人生観は、「余は実業家でありながら大金持ちとなることを好まない。」(410)或いは、「人間として生まれた以上は、最ぅ少し有意味に終生を過すのが其の本領であらうと考える」(411)また、「富を造るという一面には、常に社会的恩義あるを思い、徳義上の義務として社会に尽くすことを忘れてはならぬ[412]」そして、「私は、他人が掛物とか屏風とかいふ物に金を出すと同じように、慈善事業に金を出すことを以って一種の道楽と思うて居るくらゐである。[413]」といった片言隻句の中に、垣間見られる。[414]

ここで改めて、渋沢の公益思想の核心に迫るべく、明治7年（1874）に、養育院の事務を掌理して以降、養育院における主な業務を振り返る。

明治8年（1875）に、筆算所を設立して児童への教育事業を開始し、明治11年（1878）には、成人・児童の雑居解消の為、児童室を設けている。明治15年（1882）、地方税の支弁停止後には、養育院婦人慈善会を発足させ、明治22年（1889）より、皇后からの支援金下賜が毎年行われる程の実績を上げ、厳冬の時代を凌いでいる。明治23年（1890）の東京市への管理移行を経て、明治27年（1894）に、院児の養子縁組の制度整備を建議し、翌年に行政手続を実現させている。明治33年（1900）に、感化部を設置し、明治35年（1902）には、院内に附属小学校を開校。明治44年（1911）から翌年にかけて、浅草・芝・小石川に職業紹介所を設置した。大正時代に入り、大正3年（1914）には、結核性患者の為、板橋分院を開院。大正6年（1917）には、参内し皇后へ養育院に関して言上し、後年2回に亘り参内し皇后に拝謁している。大正13年（1924）には、巣鴨分院児童を飛鳥山に招待し、以後、井之頭学校生徒を2回招待している。[415]

第2章で見たように、明治・大正期は、社会的支援を必要とする人々を「惰民」と見做し、「自己責任」として排除する傾向が強かった。人権意識の希薄な時代と社会にあって、渋沢は、親や家族、そして、世間からも顧みられることのなかった老若男女の下層民の生命と健康を護り、国の繁栄と人々の幸福を願い続けた。その中でも、上述のように養育院における渋沢の業務を俯瞰すると、入院者の中でも特に若年者を重視しているようにも見える。日本の近代化を推進していくうえで、その主体者となる様々な子供たちへの慈しみと期待が感じられるのである。

渋沢は、「小児が井戸に陥ったのを見ていながら救わぬでもよいものだろうか。人間は本来平等の者である。しかるに一方は飽食暖衣してなお余りあるのに、一方は飢餓に瀕して苦悩を訴えている、この場合にも他人は他人で、吾は吾であるというて、少しも惻隠の心を起こさなくともよいものであろうか。私はやはり社会政策のうえからいうても、貧窮のためにようやく不良の心を助長して社会に害悪を及ぼすような人々を、慈善事業によってこれを未然に防止する時は、他日斧を用いなければならぬ者も嫩葉のうちに摘み取ってしまう事が出来ると思う。（中略）一旦罪人となれば、その人の遷善改過が容易でないのみならず、社会は警察費や監獄費の負担を増し、良民が減って不良民という厄介者が増す事となり、国家という見地から見ても不経済な事このうえもない。しかるに慈善事業を起こして罪人を未発に救済し、不良民を多く出さぬように努めたならば、ただ道徳上から見て当然であるばかりでなく、社会政策のうえからも効果がある事であるから、私はこの意味において慈善事業の盛んに起こる事を希望している一人である。[416]」と述べている。

この渋沢の主張を要約してみると、日本が近代化する過程において必然的に発生してくる困窮者への対応が必要な理由を二つ挙げている。第一に「惻隠の心」、即ち、人道的道徳的な視点から窮民を救わねばならないとする必要性である。そして、第二に「社会政策」、即ち、経済合理性の視点から国家における治安維持費用を縮減させ、生産に従事する良民を増やさなければならないとする必要性である。

また、渋沢は、「私が民間に下った翌年すなわち明治7年の秋ごろに共有金の取締りを命ぜられた。（中略）こういう関係から私は養育院の監督を嘱託されたのである。養育院の事業に対してはもちろん経験などのあろうはずはないが、社会政策としてかくのごとき事業はぜひとも発達せしめなければならぬとの考えはもっておった[417]」とも述べている。

公益の視点で、渋沢の人生を俯瞰した時、生産に従事可能な国の良民を増やす為、自身は公益福祉の実務には明るくなかったものの、現場情報を養育院の職員等から収集し、各種企業・団体のリーダーの地位や男爵・子爵の爵位を利活用し、皇室・行政・議会・実財界等へ働き掛け、社会政策として養育院を始めとする公益福祉を推進したと解釈出来る。

但し、ここで注意しなければならないことは、渋沢は、単に不良民を減らし、良民を増やすことのみを目的として考えていなかったことである。職員や東京市関係者との会談・協議等、院長としての仕事に精力的に取り組むなか、明治42年（1909）に、幼稚園・小学校を備えた児童専用の施設である巣鴨分院が設立された。翌明治43年（1910）より、渋沢は毎月13日を養育院への登院日[418]と定め、本院と共に巣鴨分院を訪れ、児童たちに訓話をしている。[419]以下、渋沢自身が養育院の児童に語った講話を引用する。

「毎月13日には板橋の本院へも行けば當分院にも来るので、一月毎に斯うして皆さんと會ふことは私にとって此の上もなく嬉しいことである」と語った上で、「古人も『艱難汝を玉にす』といって、飢や寒さを耐へ忍ぶことによつて其の人は立派な玉のやうに成功するものであると云つて居る、皆さんは決して悲観失望をするの必要はない、況して保母さんや先生方は皆さんが世の中に立って行けるやうに心配して世話をされるのである。ここには又た小学校もあり尚ほ其の上に職業教育の場所も設けてありますが、（中略）然かし世の中に立つて行くには職業ばかりではいけない、堅固なる意思が最も大切である、即ち皆さんは将来世の為め國の為めに盡すところの人とならねばならぬ、さうして如何にしたならば最もよく國家社會の為めに盡すことが出来るかといふことを能く考えることが大切である、よく此事を考へつつ職業を忠実に務めて行かねばならぬ、私は十七歳の時から今日に到るまで今申すやうな考えを持つて歳月を送つて来ました（中略）日本國民であると云ふことは私も皆さんも変はりはない、又女子は國をよくする元素になるのであるから、女子の教育は男子同様に大切なものである、當分院に在る皆さんの今の境遇は必ずしも不幸不遇といふべき程ではない。或る一方から見れば寧ろ幸福と申して差支えない位であります。（中略）私は皆さんの父となり祖父となり曾祖父となり親権を行つていくのであるから決して恥ずかしくもなく、正々堂々と社會に進んで行くことが出来得る筈である、皆さんは此事をよく自覚しなければならない[420]」と呼び掛けている。渋沢は、自ら若き時から抱いてきた、世の為、国の為、尽くしてきたその思想哲学を、生徒の目線まで下りて、自身も生徒も同じ日本国民であるとし、男女の差別なく「この渋沢が父である」と、語り聞かせている。

養育院では、明治18年（1885）から、渋沢が亡くなる昭和6年（1931）までの間に、9794名の児童を受け入れている。貧困が根底にある場合が多く、家族や自身の病気、父母との死別、虐待や過酷な労働からの逃亡、被災等、様々な理由により、棄児、迷児、非行、遺児となり、養育院に入院していた児童達[421]は、渋沢の講話を聴いて、どのように感じ受け止めたのであろうか。その最後期になるが、昭和2年（1927）の『東京市養育院月報』に、巣鴨分院の15歳女子の作文が掲載されているので、以下、引用する。

「院長さんは毎月十三日にはきまって此の分院へ御出になります、その時に必ず結構な御土産を下さつて又よい御話をして下さいます、院長さんのような立派な方から月々有難い御話を承る事の出来る学校は他にはあまり類があるまいと私は何時も思ひます、これは巣鴨分院一同の誇りであります、今日も院長さんは御忙しい中を御出で下さいまして、講堂へ御臨みになって笑顔をしながら次のような意味の御話をなさいました「私は月々かうして皆さんに會ふのを楽しみにして居る、これは皆さんよりは寧ろ私の喜びである、さて今日は光陰を空しくしてはならないと言ふことを申さうと思ふ、（中略）皆さんは月日をむだにしないでよく勉強しなければならない、（中略）この時をむだに費やさない人が世の中に役立つ人になるのである、人は世の中に生きて居る以上は誰でも世の中の為になることを為さなければならない、（中略）其人の身分や職業に應じたことをして世間からあの人が居たためにこんなことが出来たと言はれる様な人になつてほしい・・・」（中略）私たちが親と慕ふ院長さんは何時も私等を自分の子供だとおつしやつて下さいますが、私も今一年半もたつと此の院を出て社會に出なくてはなりません、（中略）ですから今の中にその御話をよく心に留めて置いて一生涯世の中に暮らして行く栞としたいと思ひます[422]」と記している。

この作文から読み取れることは、様々な社会的な境遇により、養育院に暮らす生徒たちは、毎月の渋沢の講話を楽しみにしており、真剣に聴き、渋沢の親心に感動した。その期待に応えるべく、渋沢に倣い、国民の一人として、世の為、国の為、社会の為、尽くす事の出来る人になろうと誓っている。高名であった渋沢の講話の聴講そのものが、養育院の生徒の大きな誇りとなったことは想像に難くない。

先の１５歳女子生徒は、「講堂へ御臨みになって笑顔をしながら次のような意味の御話をなさいました」と記し、第４章第６節で先述した１４歳男子生徒が記した渋沢を追悼する作文の中でも「ニコニコして僕等にこれから後、世の中に出て働くについての為になる御訓話をなされた」とあり、生徒達に、渋沢は優しい笑顔を強い印象として残している。まさに、渋沢が、「私は月々かうして皆さんに會ふのを楽しみにして居る、これは皆さんよりは寧ろ私の喜びである」と語った自身の気持ちの表出であろう。そこには、子ども達の父親としての親権の表明と共に、自身の長い激動の人生から、子ども達へ確かな人生の指針を贈っている。渋沢は、この養育院事業に無給で取り組むだけでなく、自ら資金援助を繰り返し、実業界の同志への寄附金募集に奔走し、生涯に亘りその資金を懸命に捻出した。その献身と忍耐こそが、養育院の基礎を築き、歴史に残る成果を出し、現代の幅広い公益福祉に繋がっていったと考える。

本書において、渋沢の公益思想とは、松平定信、大久保一翁が学び、自身も身につけた「仁」の理念を、院長として「養育院」で実践し、会長として「中央慈善協会」を通じて社会に浸透させることを目指したものであると考える。『論語』でいえば、巻第三の雍也第六にある「博施済衆」（博く施して衆を済う）であり、その奥にあるものは、「忠恕」であったと考える。この「忠恕」について、渋沢が簡潔に語っており、以下、引用する。

「孔子も論語に人の守るべく行ふべき道を種々述べられて居るが、又之を約して「夫子の道は忠恕のみ」と云はれて居る、「忠」とは「真直の心」を云ひ、「恕」とは「思ひやり」の事である。此心を以って君に対すれば忠義となり、親に対すれば孝行となる、即ち人たるの道はこの忠恕によって達するを得るのである、而して此の心は極めて平易に之を云えば「親切心」と云ふ語と同一となる。故にこの親切と云ふ語は最も大切な慈善事業に欠く可らざる心で、殊に収容者換言すれば被救助者に直接するものにとって片時も欠く可らざる肝要な精神である[423]」と、述べている。渋沢は、自ら笑顔で、真っ直ぐな思いやり、親切心を実践すると共に、公益福祉の実務に携わる者にもそれを求めた。

福沢諭吉は、「わたしは維新後早く帳合之法[424]という簿記法の書を翻訳して、今日世の中にある簿記の書は皆わたしの訳例にならうて書いたものである[425]」と記している。その福澤でさえ、「むかしの士族書生の気風として、利をむさぼるは君子のことにあらずなんということが脳にしみ込んで、商売は恥ずかしいような心持がして、これもおのずから身につきまとうているでしょう。[426]」と、商業を認識していた時代にあって、渋沢の思想はどのようなものであったのか。

渋沢栄一記念財団によれば、「栄一の思想的支柱は、論語と算盤、すなわち道徳経済合一説である。（中略）論語と算盤や道徳経済合一説は次の三つの影響を及ぼしたと考えられる。まず、（中略）江戸時代に定着した商業蔑視観を取り払うのに大きな役割を果たし（中略）次に商人の意識向上に貢献し、実業界育成の精神的支柱となった。（中略）最後に暴走しがちな市場経済に基づく資本主義の精神的制御装置の役割を果たした。[427]」と捉える。

一面からいえば、渋沢による養育院をはじめとする公益福祉の推進は、上記の影響を及ぼした三つ目として挙げられている「私利私欲を追求するだけでは、競争は激化し、弱肉強食の世界となる[428]」虞のある資本主義社会における精神的制御装置の物理的稼働であったといえよう。

2　渋沢の公益思想の現代的意義

これまでの検討を踏まえ、渋沢の公益思想の現代的意義を考えるにあたり、明治45年（1912）に、72歳となっていた渋沢が、人生の大半を過ごした明治時代と令和の現代との比較を試みたい。

歴史学者の松沢裕作[429]は、「明治時代の日本社会と現代日本社会が似ていることには、共通の背景があると思います。（中略）第一に、明治時代の社会も、現代の社会も、大きな目で見れば、近代的な資本主義というおなじ仕組みの社会で（中略）「努力すれば成功する」という考え方と相性がいいのです。一人ひとりが働いてお金を稼ぎ、稼いだお金の範囲でモノが買える。（中略）「貧困者を助けても、怠け者が増えるだけ」という理屈は、（中略）大きな影響力をもっていました。明治時代は、まさに日本でこうした資本主義的な経済の仕組みが誕生した時代でした。（中略）第二の理由は、明治時代の社会も、現代の社会も、これまでの仕組みが壊れた、あるいは壊れつつある社会であり、かつ、政府があまりたくさんカネをつかわない方向の経済政策をとっているという点です[430]。」と指摘している。

そして、「「がんばれば成功する」という通俗道徳[431]のわなに、簡単にはまってしまうということです。（中略）明治社会と現代日本社会が、「努力すればなんとかなる」「競争の勝者は優れている」という思考法がはびこり、それゆえ、競争の敗者や、偶然運が悪かったにすぎない人びとのことを考える余裕を失い、みんなが必死に競争に参加しなければならない息苦しい社会であるという点で似ているのはなぜか。その原因は、不安を受け止める仕組みがどこにもないという共通点があるからではないか[432]」と結論付けている。

要約すれば、明治時代も現代も、「働いた者だけが食べていくことが出来る」と考えることを暗黙の合意とする社会にあって、社会的弱者の不安を受け止める仕組みなり手立てを、政府或いは行政が用意をしていないという点において共通しているということになろうか。

このような明治時代と現代との相似性を踏まえ、近年における渋沢の思想研究をいくつか確認しておきたい。

フランス文学者の鹿島茂[433]は、『青淵回顧録』の「第一付録」として収められた「青淵論叢」の記述にある「中庸ということが世の中の事物にとってたいへん肝要になってきます。（中略）中庸というものはほとんど総てのことを網羅しているように見えます。（中略）中庸というものを互になるべく心掛けておいて、弊をもって功を没し、功に誇って弊を生ずということを防ぐようにしたいと私は懇望して止まないのです[434]。」を引用し、「渋沢という人をひとことで形容するならば「中庸の偉人」。こういうことになるのではなかろうか。[435]」と、「中庸こそが渋沢の思想の核心である[436]」と結論付けている。この結論は、渋沢の柔軟性のあるバランス感覚を『論語』の「中庸[437]」に帰結させているともいえよう。

経営学者の田中文憲[438]は、「栄一の発想と行動を見ると、論語をプラグマティックに解釈したぐらいでは及ばない「幅広さ」と「ユニークさ」を感じる。それは儒教やサン・シモン主義[439]を超越した「渋沢イズム」とでも言うべきものであろう。[440]」と、渋沢の日本近代化における貢献の特異な原動力を「渋沢イズム」と称し纏めている。

経営学者の大江清一[441]は、「東京市養育院の収容者は様々な困難を抱えており、渋沢はこれらの人々の救済において、教育、更生、医療、職業訓練、保護などほぼ考えられる手段をすべて講じた。[442]」と記している。これは、渋沢が「国内の窮民を全く無くすことは極めて困難であるかも知れぬが、一時的にでなく、種々の会や各方面の人達が継続して行ふならば何時かは目的を達し得るのであって、単に都会地の如き政治上行き届く処や、文化の発達した処のみではなく、全国の如何なる寒村僻地にも行き亘るやうにありたい[443]」と主張し、その具現化に向けて、あらゆる手を尽くしたことを簡潔に表現している。

社会福祉研究者の松葉ひろ美[444]は、「渋沢栄一の思想の現代的意義は、何らかの倫理的原理や社会的関係性への配慮を、経済システムあるいは資本主義そのものの中に組み込んでいくことを伴わせなければ、福祉的課題の真の解決はありえないということを、時代に先駆けて指摘した点にあると言える[445]」と結論付けているが、蓋し至言であるといえよう。

このような近年の研究も踏まえ、さらに論考を進めたい。米寿を迎えた渋沢が巣鴨分院において、「年齢に関係なく、九十であらうが、百であらうが生命のある限り社會の為にも盡くし、又養育院の為にも盡くしたいと思って居ます[446]」と語ったが如く、本書において、渋沢の公益思想とは、年齢に関係なく生命ある限り、社会の為に尽くす姿勢が基本であると考える。

養育院への生涯最後の登院となった昭和6年（1931）6月13日に、渋沢は、「個人の幸福と國家の幸福」と題し、子供達に講話を行っており、以下、引用する。

「國家といふものは個人々々の集まりであるから、個人々々の幸福が集まって國家全體の幸福となるのである。（中略）社會が変化して行くので私は一身の為めでなく國家の為めに相當の功をたてる為めに努力致した、又政治上からして社會問題といふものは将来には如何なる結果が生れるかといふ事を考へて進まなければならないといふ観念を持ってゐた、それで養育院の為めに盡くすといふのも、國家に盡くす為めでありまして、一人でも多く不幸な者を幸福にしたいと云ふ考へからでありま す[447]」と、渋沢は自身の生涯を振り返っている。

この講話から導き出されることとは、渋沢は、国家の繁栄とは個人の幸福の集合体であり、列強と比較して貧弱な日本の国を豊かにしたいが為、５００の企業をつくり、一人でも多くの不幸な国民を幸福にしたいが為、600の社会事業に取り組んで来た真情を吐露しているように思われる。

第5章第2節で触れた後藤新平は、明治42年（1909）に、養育院巣鴨分院の開院式に出席[448]し、大正9年（1920）から大正12年（1923）まで東京市長を務めている。市長就任にあたり、後藤のブレーンである前田多門[449]が、渋沢逝去後に、渋沢と後藤の関係について語っており、以下、引用する。

「想起するのは、故後藤新平伯が市長に選まれてその受諾を躊躇して居られた時、故渋沢子爵は切々の言を以てその就任を慫慂せられ、市の養育院長として、憐れな人達に代って御願いすると言われた。後藤さんを動かしたのはこの一語であったと思う。不遇者に対する子爵の同情は常に真剣であった。[450]」と。

当時、東京市議であった小坂梅吉[451]も、以下のように語っている。

「時の東京市長は後藤伯爵で、当時東京市役所に於て市の社会局をして、養育院を市の他の社会事業と同様分掌せしむるの議が起こったが、余は先生が永年苦心経営せられた養育院の歴史を思ひ、同院の特色ある発達を希望したので、その併合に不同意を表して居った所、後藤市長も養育院が先生によって初めて今日あるを諒解せられ、衷心先生の御努力を感謝されて、市の一般社会事業と別に取扱ふこととされたのである。[452]」と。このように、渋沢栄一の公益思想とは、民の立場で公を先導し、一人でも多く不幸な者を幸福にしたいという博施済衆の理念の下、忠恕、即ち思いやり・親切心を持って、生命ある限り、社会の為に、自らが尽くし、さらに、尽くす生き方の出来る後継を育てることであったと考える。

そして、その渋沢の思いは、同時代を生きた養育院の生徒達へも確かに届いていたと推測される。昭和6年（1931）の渋沢追悼号の『東京市養育院月報』に、巣鴨分院の16歳女子の作文が掲載されており、以下、引用する。

「噫十有幾年慈父と崇め奉りし慈愛深き渋沢院長さんを茲に失ひしことを心から私共は嘆き悲しみます、（中略）九十二歳の今日迄私達の身の上に幸あれと明け暮れ御心を注ぎ給ひし院長さんの御恩は、一生私の脳裏より拭ひ去ることが出来ません、若しも院長さんの命と私の命とが交換できるものであったならば私は喜んでこの命を差し出してでも院長さんに御長命を保って頂きたかったのです。（中略）院長さんが我分院に御出でになって御訓話をなさって下さいました時『私は君達を自分の子と思ふ、君達も亦私を父と思つて貰ひたい』と仰ったことを今だに忘れません、本當に私共は院長さんを父と思つて毎日を楽しく愉快に勉強して来ました、今父に死なれた私は前途の光明を失つたやうな気がしてなりません、然し院長さんは此の世を御去りになっても其御霊はきつと私達を見つめてをつて下さることでせう、（中略）今日迄育み下さいましたその御鴻恩に報ゆる為には一生懸命に勉強致して立派な人となり、院長さんの尊名を恥しめない人とならんことを心から祈って居ります[453]」と記している。

16歳の少女が、「院長さんの命と私の命とが交換できるものであったならば私は喜んでこの命を差し出してでも院長さんに御長命を保って頂きたかった」と語っている。この言葉こそ、渋沢が日本国民の一人として、世の為、人の為に生き抜いた自らの姿を通して、渋沢が育てようとした意図通り、養育院の子供達が育ったことを示しているのではないだろうか。

近代日本では、国策として「富国強兵・殖産興業」がスローガンとして掲げられ、常に欧米をモデルとした近代化が強力に推進されていた。その社会にあって、無視され、置き去りにされていた貧困者をはじめとする社会的弱者に注目し、惻隠の情や経世済民の観点から社会のモラル（道徳）を語り続け、危機への対処として江戸時代にもあった積立金制度を見直し、実際的な社会福祉事業を実践していたのが、渋沢栄一であったといえるだろう。欧米の近代化一辺倒では、利益至上主義、終には強欲資本主義となり、経済格差は益々拡大し、ごく一部の富裕層に対して、大多数の貧困層が生じ社会が不安定化する。そのような環境下、経済と共に道徳と社会への視点を常に持ち、様々な事業を展開していた渋沢の公益思想は、今こそ見直されるべきであろう。養育院事業に着目して考察した本書においては、以下の事を強調しておきたい。渋沢栄一の公益思想の現代的意義とは、社会的弱者の不安を受け止める仕組み・手立てを、政府・行政が用意しきれていない社会において、公的関与の下、慈しみと思いやりの心で、支援を必要とする人々全員へ、救済の手を差し伸べることの必要性を再認識させたことにあると考える。

3　渋沢の公益思想のグローバル性

渋沢の公益思想について、グローバルな観点から検討を進めたい。2015年9月ニューヨーク国連本部で、「国連持続可能な開発サミット」が開催され、150を超える加盟国首脳の参加のもと、その成果文書として、「我々の世界を変革する：持続可能な開発のための2030アジェンダ」が採択された。[454] 以下、保健学者の井筒節[455]の記述を引用する。

「SDGs[456]には主文「持続可能な開発のための2030アジェンダ」があり、SDGsはこれをモニターするためのものです。すなわち、SDGsは、2030アジェンダの理解なしに、実現することができません。2030アジェンダには、「行動計画」として、6つの課題が提示されています。

1. 貧困と飢餓に終止符を打つ
2. 国内的・国際的な不平等と戦う
3. 平和で、公正かつ包摂的な社会を打ち立てる
4. 人権を保護しジェンダー平等と女性・女児の能力強化を進める
5. 地球と天然資源の永続的な保護を確保する
6. 持続可能で包摂的な経済成長、繁栄の共有と働きがいある人間らしい仕事のための条件を、各国

の発展段階・能力の違いを考慮に入れて作り出す。

そして、この6つの課題に取り組む際、「誰一人取り残さない」、そして、「最も遅れているところに第一に手を伸ばす」ことが重要とされました。最も貧困な状態に置かれている人々、ニーズが高いにも関わらずこれまで支援が届いていなかったところ、具体的には子ども、若者、障害のある人、エイズと生きる人、高齢者、先住民、難民、国内避難民、移民等を優先していくことが、SDGsの特色となったのです。[457]」と解説している。

17の目標と169のターゲットからなる「持続可能な開発目標（SDGs）」については、本書の主題ではなく詳述は避けるが、上記の「最も貧困な状態に置かれ、ニーズが高いにも関わらずこれまで支援が届いていなかった」当時の人々を救済し、上記の行動計画に類似する当時の課題に果敢に挑んだ民間人が渋沢であり、公益分野における渋沢の養育院であったといえよう。

また、井筒は、「人間は心の生き物です。開発の指標や企業活動の評価はお金やもので測ることが多いものですが、一人ひとりの心のウェルビーイング[458]への影響という視点がこれから大切になってくると思います。ダグ・ハマーショルド[459]第2代国連事務総長は、「国連は人を天国に誘うためではなく、人を地獄から救うために創設された」という言葉を残しました。SDGsは一番苦しい立場にある人たちが、そうした状況から抜け出し、教育、保健、雇用を享受でき、不平等がなく、そして、平和と公平が確保され、環境が持続可能である世界を目指しています。ＳＤＧｓを考えるとき、「誰一人取り残さない」ことを、心の側面を含めて考えることがとても大切でなのです。[460]」と稿を結んでいる。

明治・大正期の日本と現代の世界では時空は異なるものの、「一番苦しい立場にある人たちを、親切心と云う心の側面を含めて、誰一人取り残さず全員を救済する。」という点において、渋沢の公益思想と国連のＳＤＧｓの理念は共鳴し響き合い、その目指すところは、概ね一致するといえる。

経済学者の杉山里枝[461]は、「渋沢の行った企業経営や社会事業をＳＤＧｓの１７の目標（Goals）に照らし個別に検討すると、１７の目標のうちで多くの項目と関わりがあることがわかる。たとえば、企業経営は「目標８：働きがいも経済成長も」や「目標９：産業と技術革新の基盤をつくろう」、「目標１２：つくる責任つかう責任」に通じ、社会事業のうちで社会福祉に関する活動は「目標１：貧困をなくそう」や「目標２：飢餓をゼロに」、「目標３：すべての人に健康と福祉を」、「目標１０：人や国の不平等をなくそう」に通じる。さらに、教育事業は「目標４：質の高い教育をみんなに」、国際親善は「目標１６：平和と公正をすべての人に」、「目標１７：パートナーシップで目標を達成しよう」に通じ、晩年の田園都市構想は「目標１１：住み続けられるまちづくりを」に通じるといえる。[462]」と指摘する。

さらに、「渋沢が持続可能な（Sustainable）企業や事業を追求した姿勢、単に自身や会社、株主の利益のみを追求するのではなく、経営を取り巻く環境（Environment）や社会（Social）、そして多彩なステークホルダーに配慮したガバナンス（Governance）を目指した姿勢は、現代にいうＳＤＧｓやＥＳＧを追求した企業経営や社会事業を行う姿勢そのものであった。（中略）渋沢栄一が実践した合本主義、道徳経済合一の理念は、現在のＳＤＧｓ、ＥＳＧの萌芽として確かに位置付けられるということができるのである。[463]」と結論付けている。

米国の主要企業の経営者をメンバーとするビジネスラウンドテーブル[464]は、２０１９年８月に、「企業の目的に関する声明」を公表した。一般社団法人日本経済団体連合会の米国事務所が、その概要や公表の背景について、説明を聞き意見交換を行っており、以下、機関誌の記事を引用する。

「同声明ではまず、企業は自由市場経済のなかで社会に不可欠な商品やサービスの供給、雇用創出、イノベーション等に重要な役割を果たしていることを指摘したうえで、すべてのステークホルダーに対するコミットメントを行うことを明らかにしている。すなわち、企業は顧客への価値の提供、従業員の能力開発への取り組み、サプライヤーとの公平で倫理的な関係の構築、地域社会への貢献、そして最後に株主に対する長期的利益の提供を行うことを明示した。（中略）ビジネスラウンドテーブルでは、（中略）１９９７年以降は企業の目的を株主利益の実現ととらえていた。しかし、その後、米国の多くの経営者は地域への貢献や環境問題への対処など、広く社会課題の解決も企業の目的ととらえるようになってきており、今回の声明はそのような変化を反映させたものである。[465]」と、記されている。

作家・中国古典研究家の守屋淳[466]は、この声明を取り上げ、「この宣言が目指す企業の在り方は、百年前に渋沢が掲げた、公益に資する会社や経済の在り方と同じと言っていいでしょう。今の時代が必然的に求めざるを得ない、こうしたテーマと共振する内容を持っているのが、渋沢栄一の思想なのです。[467]」と述べている。この指摘のように、グローバル化が進行する現代において発した米国経済団体の声明と一世紀前に実践していた渋沢の公益思想との共通性には目を瞠るものがある。また、「現代でも、ベンチャー企業[468]を設立し、売却や譲渡を行い、得られた利益で次のベンチャー企業を設立するサイクルを繰り返す、シリアルアントレプレナー（連続企業家[469]）と呼ばれる起業家がいますが、渋沢はいわばその元祖だったのです。[470]」と記している。渋沢の５００に及ぶ企業の関わり方を端的に示しているのではないだろうか。

さらに踏み込んでいえば、渋沢は最も困難な貧困問題を解決しようとする一人の現代における社会起業家を想起させる。フィランソロピーの「忍耐強い資本」に投資するという考え[471]に基づいて、２００１年にアキュメン・ファンド（現アキュメン）を設立したジャクリーン・ノヴォグラッツ[472]である。ジャクリーンとそのチームは、「インパクト投資[473]」のパイオニアとして、医療、教育、クリーンエネルギーなどの非常に重要なサービスを何億人もの低所得層に届けてきたが、人間性こそが成功の鍵を握っているという認識のもと活動を行っている。[474]ジャクリーンは、「私たちが必要としているのはモラル・レボリューション（倫理革命）にほかならない。（中略）私が言う「倫理」とは、（中略）私たち個人の、そして集団の尊厳を高めることに焦点を当てた一連の原則ということだ。それは、ただ自分自身の利益のためではなく、他者の役に立つことを、日々選択するということである。[475]」と述べている。さらに、「低所得者層自身が自分たちの暮らしに裨益する企業を立ち上げる姿が見られる社会を作りたい。[476]」と語っている。

当章第1節で触れた通り、渋沢が養育院の児童に対して、「當分院に在る皆さんの今の境遇は必ずしも不幸不遇といふべき程ではない。或る一方から見れば寧ろ幸福と申して差支えない位であります。（中略）私は皆さんの父となり祖父となり曾祖父となり親権を行つていくのであるから決して恥ずかしくもなく、正々堂々と社會に進んで行くことが出来得る筈である、皆さんは此事をよく自覚しなければならない[477]」と語り、自信と誇りを持たせて、社会へ送り出そうしたと思いと共通する。

『論語と算盤』を解説した加地伸行[478]が、「あえて言えば、本書は『経済人の品格』という書名であってもおかしくない。[479]」と記した通り、渋沢は、創出した事業利益を寄附し、公益事業に還元することにより、その生涯を通して、模範となる倫理規範を示したとはいえまいか。養育院開院150周年を迎えた2022年の第208回国会において、可決成立したこども家庭庁設置法案に基づき、翌2023年4月に、「こども家庭庁」が出来たことを、泉下の渋沢はどのように思うのであろうか。

近代化を目指した明治・大正期の日本において、渋沢栄一とは、精神的側面からいえば民を愛するナショナリスト、倫理実践的にはコンフューシャン（儒教徒）、公益追求者としてはプラグマティスト、そして、グローバルな視点を備えたコスモポリタンであった。その全人格を一言でいえば、立場の異なる原泰一と安達謙蔵が、奇しくも共通して渋沢を称して語った「至誠の人」であったと考える。

4　渋沢栄一から何を学ぶべきか

自然災害、気候危機、感染症、戦乱の苦難に遭遇する今日から見て、我々は渋沢から何を学ぶべきであろうか。幼き頃から四書五経を学び、「修己安人[480]」、「修身斉家治国平天下[481]」を志とした渋沢は、攘夷運動と幕末渡欧経験から、欧米列強に侮られず、経済的に繋栄し国民が幸せに暮らせる国を創るべく、辞官し実業界に身を置き、民にあって国づくりに邁進した。文字通り、公益の為に一身を尽くした生涯であったが、渋沢が掲げ実践した経済システムである合本主義とは、生産活動が利潤追求を原動力とする市場メカニズムによって運営される資本主義[482]とは似て非なる思想である。

公益財団法人渋沢栄一記念財団によれば、「合本法とは、義、すなわち公益の追求を事業の目的として掲げ、その目的に賛同する人々から広く資金を集め、事業を実施するための組織を作る。その趣旨をよく理解し実行できる適切な人材を選び、経営にあたらせ、経済活動を通じて利益をあげ、国家社会を豊かにさせるという考え[483]」とされる。即ち経済活動により公益を追求し、関わる全ての人々を幸福にさせ、国家社会を豊かにする思想が合本主義である。

渋沢は、国家国民の公益実現の為、実業界においては、自ら財閥をつくらず、自身が先頭に立ち、寄附を推奨し、将来を担う青少年に対して、教育の環境を充実させることに尽力した。渋沢は明治維新後の国づくりの基本となった実業はもとより、第4章で検討した養育院に代表される福祉、前章で触れた教育分野以外でも、文化[484]科学[485]支援、震災復興[486]、国際親善[487]においても、多大な貢献を果たした明治・大正時代を代表する近代のスタビライザーであった。

最後に渋沢と人道支援団体である赤十字[488]との関係を記しておきたい。以下、日本赤十字社広報室『赤十字ＮＥＷＳ[489]』の記事を引用する。

「実業界のみならず公共・福祉事業や民間外交などでも指導的な役割を果たした渋沢は、日赤の前身である博愛社[490]時代からの支援者でした。博愛社の創設者である佐野常民[491]が渋沢に直接協力を依頼し、明治１３年（１８８０）に社員(会員)、明治２６年（１８９３）には現在の理事にあたる常議員になったのです。当時佐野と渋沢の両者の縁は、慶応3年（１８６７）に開かれたパリ万博での出会いにさかのぼります。当時の最先端技術や文化に触れ、帰国後は明治維新の荒波を乗り越え、それぞれの立場から日本の文明開化を支えました[492]。」との記述がある[493]。

また、渋沢の公益思想と佐野の赤十字運動の共通性が窺える記述が、『日本赤十字社の父 佐野常民伝[494]』

にあり、以下、引用する。

「佐野が語ることは一様ではなかったが、赤十字の事業は人間の至情（自然な人情、まごころ）に基づくという一点に帰着していた。その要点を次のように指摘できる。赤十字の事業は、政治、宗教、学説または国籍の如何を問うものではない。人間がこの世に生まれてから誰もが持っている人情が自然に発露したものであり、各国においても政府が外から勧誘したものではなく、有志者が自らその事業を創立し、政府はこれを承認して支援するにすぎない。（中略）諸国が連携して負傷兵は自他の別なく親切にこれを救護するという博愛をこの世で実行するようになった。孟子も言っている。幼児が井戸に落ちようとすれば、皆、惻隠の心（思いやり、情け）が起こると。この惻隠の心が人間が天から与えられた至情（人情・憐みの心）であり、赤十字の事業はこの心の具体化であるからこそ盛大になるのである。佐野常民はあくまで人間の本性としての慈悲を説き、博愛を高唱し、それにより政府に頼らないで民衆自身の力による赤十字事業を遂行しようとしたのである。[495]」とある。

上述のように、明治13年（1880）に博愛社の会員となった渋沢は、惻隠の情を礎に政府に頼らず運動を進める佐野に共鳴したからこそ、40歳の若き日より赤十字社を支援したのではないだろうか。

渋沢は日本を強く繁栄した国とし、誰一人取り残さず国民全員を幸福にする為、民間経済の重要性にいち早く気付き、辞官し、儒教における仁と忠恕を基本とし、実業と公益活動に邁進した。明治・大正・昭和初期、激動の時代を駆け抜けた渋沢は、「新しき時代には新しき人物を養成して新しき事物を処理せねばならない。[496]」と語った。この渋沢の訓言は、グローバルに目まぐるしく変貌する資本主義社会の新たな形が問われる現代においてこそ、価値を持つ言葉ではないだろうか。国民繁栄と国際平和の為、政府や企業団体、教育機関は、自ら変化を厭わない柔軟性を身に付け、担い手となる後進の育成の重要性を示唆していると考える。

養育院の確立過程を視座に、渋沢栄一の公益思想を検討してきた本書の結論として、現代の我々は渋沢から何を学ぶべきか。それは、官民を問わず指導的立場にある者こそ、自身の利益の為ではなく、他者の役に立つことを選択する倫理観を持ち、歩むべき「人の道」を内省することにあると考える。

経済的困窮者や障がい者等、置き去りにされがちな社会的弱者への支援なくして、全ての民衆の幸福は得られない。世界に存在するバルネラビリティ[497]に対する継続的支援が無ければ、社会を構成する一人ひとりのウェルビーイングの実現には至らない。このことを、渋沢は自身の生涯を通して、我々に語りかけているのではないだろうか。

本書は、渋沢栄一が遺した巨大な事績に関する膨大な研究資料のうち、養育院を中心とする極めて限定された資料を基に論考を試みてきた。最後に、渋沢が好んで揮毫した言葉を挙げて結語としたい。

「余り有るを待ちて人を済はんとせば終に人を済ふの日無けん、暇有るを待ちて読まんとせば必ずや書を読むの時無けん」[498]と。この一文こそ、渋沢が生涯貫き通した矜持を示す「渋沢精神」であり、渋沢栄一の公益思想の原点といえよう。渋沢が次世代に託そうとする指針でもあり、いま「養育院」が問いかけることである。

注　終章

(408) 渋沢栄一 鹿島茂編訳『渋沢栄一「青淵論叢」道徳経済合一説』、講談社学術文庫、2020年、74頁。
(409) 武井優 同掲書、13～14頁。
(410) 渋沢栄一『青淵百話 乾』、国書刊行会、1986年、60頁。
(411) 同掲書、61頁。
(412) 渋沢栄一『論語と算盤』、角川ソフィア文庫、2008年、147頁。
(413) 日本赤十字社『日本赤十字』230号、渋沢栄一「慈善の話」、日本赤十字発行所、1908年3月20日、24頁。
(414) 武井優 同掲書、13～15頁。
(415) 公益財団法人渋沢栄一記念財団 渋沢資料館編集『養育院の「院長さん」渋沢栄一 —父となり祖父となり曾祖父となり—』渋沢資料館、2023年、14頁。
(416) 渋沢栄一『渋沢栄一自伝 雨夜譚・青淵回顧録（抄）』、角川ソフィア文庫、2020年、305～306頁。日本赤十字社『日本赤十字』第230号、渋沢栄一「慈善の話」、日本赤十字発行所、1908年3月20日、26頁にも粗同様の寄稿がある。
(417) 渋沢栄一 同掲書、293頁。
(418) 公益財団法人渋沢栄一記念財団デジタル版『渋沢栄一伝記資料』第30巻、1954～1965年、5頁に「明治四十二年六月十三日　是日栄一、当院巣鴨分院ニ至リ院務を視ル。爾後没年ニ至ルマデ、松平定信ノ忌日タル十三日を登院日に充て、当院長トシテ院務を執り」の記述あり。
(419) 公益財団法人渋沢栄一記念財団 渋沢資料館編集『養育院の「院長さん」渋沢栄一 —父となり祖父となり曾祖父となり—』渋沢資料館、2023年、6頁。
(420) 同掲書、7頁。初出は、東京市養育院［編］『東京市養育院月報』第297号、渋沢栄一「新学期に際して児童に望む—大正15年4月13日於巣鴨分院—」、東京市養育院、1926年4月25日、1～3頁。
(421) 同掲書、8頁。

(422)同掲書、7頁。初出は、東京市養育院［編］『東京市養育院月報』第317号、補一女三隅千代「院長さんのお話」、東京市養育院、1927年12月25日、16頁。

(423)渋沢栄一伝記資料刊行会『渋沢栄一伝記資料第三十巻』、渋沢青淵記念財団竜門社、1960年、117頁。初出は、『東京市養育院月報』第203号、渋沢栄一「看護学卒業証書授与式に臨みて」、1918年1月

(424)福沢諭吉著、富田正文校注『福翁自伝』、慶應義塾大学出版会、2001年、270頁によれば、1873〜1874年にわたって刊行されたわが国における西洋簿記の最初の翻訳書。

(425)福沢諭吉 同掲書、269頁。

(426)福沢諭吉 同掲書、268頁。

(427)公益財団法人渋沢栄一記念財団編『渋沢栄一を知る事典』、2012年、110〜111頁。

(428)同掲書、111頁。

(429)リサーチマップ：歴史学者。慶應義塾大学教授。博士（文学）。

(430)松沢裕作『生きづらい明治社会—不安と競争の時代』、岩波ジュニア新書、2018年、147〜148頁。

(431)デジタル大辞泉：江戸後期から明治期にかけて民衆の間に広まった、勤勉・倹約を主な徳目とする倫理規範。市場経済が徐々に浸透するなか、家や村が没落しないよう自己を律する生活規範として浸透した。

(432)同掲書、150頁。

(433)ウィキペディア：日本のフランス文学者・評論家。共立女子大学教授、明治大学教授を歴任。

(434)鹿島茂編訳『渋沢栄一「青淵論叢」道徳経済合一説』、講談社学術文庫、2020年、169頁。

(435)同掲書、352頁。

(436)同掲書、352頁。

(437)金谷治訳注『論語』、巻第三雍也第六「朱子は、「中とは過不及のないこと、庸とは平常の意。」と解説する。極端に走らぬほどよい中ほどを守ってゆく処世の徳。」」、岩波文庫、1999年改定新版、123頁。

(438)リサーチマップ：経営学者。奈良大学名誉教授。経営学修士（欧州経営大学院）

(439)ブリタニカ国際大百科事典：フランスのユートピア社会主義者サン＝シモンの影響を受けた思想家の倫理と論理体系。その特徴は、第一に技術者優位の産業主義の理念と具体案を相即させる実践性、第二に政治的、倫理的にも根本変革と理想郷を求める方向が挙げれる。

(440)奈良大学『奈良大学紀要』第49号、田中文憲「渋沢栄一に関する一考察（1）：儒教とサン・シモン主義」、奈良大学、2021年、129頁。

(441)埼玉学園大学HP：埼玉学園大学特任准教授。経済学博士。

(442)埼玉学園大学経済経営学部篇『埼玉学園大学紀要』、大江清一「社会福祉事業の思想的基盤：渋沢栄一と東京市養育院」、埼玉学園大学、2021年12月、15頁。

(443)財団法人竜門社『竜門雑誌』第508号、竜門社、1931年、2〜3頁。

(444)ブクログHP：千葉大学大学院人文公共学府学術支援員。学術博士。社会福祉士。

(445)千葉大学大学院『博士論文』、松葉ひろ美「日本の福祉思想と生命観」、2014年3月、34頁。

(446)東京市養育院［編］『東京市養育院月報』第329号、渋沢栄一「歳末訓言」、東京市養育院、1928年12月14日、3頁。

(447)東京市養育院［編］『東京市養育院月報』第360号、渋沢栄一「説苑 個人の幸福と國家の幸福」、東京市養育院、1931年6月13日、1〜3頁。

(448)後藤新平研究会『後藤新平と五人の実業家―渋沢栄一・益田孝・安田善次郎・大倉喜八郎・浅野総一郎』、藤原書店、2019年、136頁。

(449)20世紀日本人名事典：1884〜1962年。大阪出身。内務官僚。後藤新平内相秘書官。東京市助役。戦後の文相。

(450)後藤新平研究会 同掲書、137頁。初出は、渋沢青淵記念財団竜門社編『渋沢栄一伝記資料』、渋沢栄一伝記資料刊行会、第30巻、327頁。

(451)新訂政治家人名事典 明治〜昭和：1873〜1944年。東京市議、同参事会員。衆議院議員。貴族院多額納税者議員。

(452)財団法人竜門社『竜門雑誌』第600号、小坂梅吉「養育院長としての青淵先生の思ひ出」、竜門社、1938年9月、42〜43頁。

(453)東京市養育院［編］『東京市養育院月報』故渋沢栄一院長追悼号、第364号、實補三 西田ひさ「院長さんの訃報に接して」、東京市養育院、1931年11月25日、61頁。

(454)国際連合広報センターHP：【主な活動】の「2030アジェンダ」の記述による。2023年7月閲覧。

(455)リサーチマップ：東京大学大学院農学生命科学研究科准教授。博士（保健学）。

(456)国際連合広報センターHP：【ニュース・プレス】の「特集／背景資料」に「持続可能な開発目標（SDGs）とはすべての人々にとってよりよい、より持続可能な未来を築くための青写真です。貧困や不平等、気候変動、環境劣化、繁栄、平和と公正など、私たちが直面するグローバルな諸課題の解決を目指します。SDGsの目標は相互に関連しています。誰一人置き去りにしないために、2030年までに各目標・ターゲットを達成することが重要です。」との記述あり。2023年7月閲覧。

(457)東京大学大学院総合文化研究科・教養学部附属教養教育高度化機構『SDGsが目指す世界〜考えよう！私たちの未来〜』、井筒節「SDGsが目指す『誰一人取り残さない』グローバル社会」、2020年2月28日、24頁。

(458)ウィキペディア：1948年の世界保健機関（WHO）憲章の前文における「健康」の定義の中で採用された言葉。ウェルビーイングとは「健康とは、病気でないとか、弱っていないということではなく、肉体的にも、精神的にも、そして社会的にも、すべてが満たされた状態にあることをいいます」（日本WHO協会訳）。

(459)ウィキペディア：1905〜1961年。スウェーデンの政治家、外交官。第2代国連事務総長（任期：1953〜1961年）。

(460)井筒節 同掲書、28頁。

(461)リサーチマップ：國學院大學教授。博士（経済学）。経営史・日本経済史研究者。

(462)公益財団法人資本市場研究会『月刊資本市場』、杉山里枝、「渋沢栄一の社会事業と現在のSDGs、ESGの考え方への萌芽」、2021年11月号、45頁。

(463)同掲書、46頁。

(464)ブリタニカ国際大百科事典：アメリカで有名な財界ロビイの一つ。1972年に設立され、アメリカの主要企業200のトップが会員であり、大企業の利益を代表する。

(465)一般社団法人日本経済団体連合会『週刊経団連タイムス』2019年12月5日NO．3434、ワシントン・リポート〈68〉。

(466)ウィキペディア：1965年～。中国文化評論家。

(467)守屋淳『NHK100分de名著 渋沢栄一 論語と算盤 すべては「公益」のために。』、NHK出版、2021年4月、81頁。

(468)日本政策金融公庫『経営Q&A』、納富隼平「現代のベンチャー企業を知る」、2016年10月、2頁によれば、「革新的な技術・製品・サービスを開発し、イノベーションを生み出す企業であり、設立数年程度の若い企業。」とある。

(469)ヒューマンリソースプロフェッショナル用語集：起業して不成功に終わっても、その経験を糧として次の起業にトライする、あるいは、事業を軌道に乗せた後、他社にその事業を売却・譲渡、あるいは、株式公開して創業者利益を得た上で、自分はその事業から手を引き、別の新しい事業を立ち上げることを繰り返す。

(470)守屋淳 同掲書、93頁。

(471)国際開発ジャーナル社『国際開発ジャーナル』第644号、2010年7月、40～41頁によれば、一般的な投資は3～5年でリターンの回収を期待するが、アキュメンは、7～12年という長期間、しかも金銭的なリターンも高くなく、社会がどのように改善されたかという社会的リターンを求める。リターンが少ない可能性を認識しつつ、せっかちにリターンを求めない、〝寛容な〟社会投資家に必要な投資と支援を行うという考え方。

(472)ウィキペディア：1961年米国生まれ。ビジネスウーマン。チェース・マンハッタン銀行の国際債券アナリストを経て、アフリカで世界銀行・国連児童基金のコンサルタントを務めた後、ロックフェラー財団勤務を経て、アキュメンを設立。主著に『ブルー・セーター』。

(473)野村證券証券用語解説集：貧困や差別、環境、教育、福祉などの社会的な課題の解決を図るとともに、経済的利益を追求する投資行動。

(474)ジャクリーン・ノヴォグラッツ『世界はあなたを待っている―社会に持続的な変化を生み出すモラル・リーダーシップ13の原則』、英治出版、2023年1月、302頁。

(475)ジャクリーン・ノヴォクラッツ 同掲書、13頁。

(476)国際開発ジャーナル社『国際開発ジャーナル』第644号、2010年7月、41頁。

(477)公益財団法人渋沢栄一記念財団 渋沢資料館編集 同掲書、7頁。初出は、東京市養育院［編］『東京市養育院月報』第297号、渋沢栄一「新学期に際して児童に望む―大正15年4月13日於巣鴨分院―」、東京市養育院、1926年4月25日、1～3頁。

(478)ウィキペディア：1936年～。中国哲学者。大阪大学名誉教授。文学博士。

(479)渋沢栄一『論語と算盤』、角川ソフィア文庫、2008年、5頁。

(480)金谷治訳注『論語』、岩波文庫、1999年改定新版、299頁：自分を修養して人を安らかにすること。

(481)デジタル大辞泉：『礼記』の「大学」：天下を治めるには、まず自分の行いを正しくし、次に家庭をととのえ、次に国家を治め、そして天下を平和にすべきである。

(482)デジタル大辞泉：生産手段を資本として私有する資本家が、自己の労働力以外に売るものを持たない労働者から労働力を商品として買い、それを上回る価値を持つ商品を生産して利潤を得る経済構造。

(483)公益財団法人渋沢栄一記念財団編『渋沢栄一を知る事典』、東京堂出版、2012年、121頁。

(484)同掲書 87～88頁：渋沢は、明治44年（1911）に大倉喜八郎が音頭を取った帝国劇場の建設や帝国女優養成所を支援した。

(485)同掲書 94頁：渋沢は、「理化学分野における、平和的かつ産業に資する活動を行うことで、日本の技術革新を推進し、公共の利益に役立たせたい」と考え、大正6年（1917）に設立者総代として、財団法人理化学研究所を設立した。

(486)同掲書95~96頁：渋沢は、大正12年（1923）9月1日に発生した関東大震災に際し、「罹災者救援及び経済復興」を目的とした大震災善後会を結成し、内外の実業家に寄附を呼びかけ資金を集め様々な救済事業に配分された。

(487)同掲書100頁：渋沢は、日米親善の為、米国の宣教師として日本に滞在したシドニー・ギューリック（1860~1945年）の提案に応じ、日本国際児童親善会を設立。昭和2年（1927）に米国から届いた青い目の人形と呼ばれた「親善人形」の日本側の受け入れの代表となり、日本から市松人形を「答礼人形」として米国へ贈った。

(488)吉川龍子『日赤の創始者 佐野常民』、吉川弘文館、2001年、38頁に、「赤十字の創始者は、スイスの実業家アンリ・デュナン（1828~1920）である。（中略）近代において避けられない戦争のたびに生ずる悲惨な状態を解決するためには、敵と味方の別なく負傷者の苦痛を救う国際的な救護組織が必要である、と考え（中略）人道に基づく救護組織を各国につくることを提唱した。」との記述がある。

(489)日本赤十字社広報室『赤十字NEWS』第969号、「博愛社を支えた大実業界・渋沢栄一と日赤創設者・佐野常民の〝深い縁〟」、2021年2月

(490)ウィキペディア：赤十字に倣って明治10年（1877）に設立された結社。日本赤十字社の前身。

(491)国立国会図書館近代日本人の肖像：1822~1902年。佐賀出身の政治家。慶応3年（1867）パリ万博に藩代表として派遣され、西南戦争の際に傷病兵を敵味方分け隔てなく救済する必要性を感じ、博愛社を設立。博愛社は明治20年（1887）に日本赤十字社と名称を変更し、佐野は初代日本赤十字社社長となった。

(492)日本赤十字社広報室 同掲書、4頁。

(493)一般社団法人日本医史学会『日本医史学雑誌』第59巻第2号、稲松孝思、松下正明「渋沢栄一の第三回パリ万博参加体験と明治前期の福祉・医療事業の関与について」東京都健康医療センター、2013年6月、262頁には、「アンリ・デュナンは、国際赤十字運動を立ち上げ、パリ万博においてパビリオンを出して国際社会にデビューさせている。佐賀藩の佐野常民は、これを見たことが、後に日本赤十字運動を立ち上げた大きな動機となったと述べている。」との記述がある。

(494) 井上忠雄監修『日本赤十字社の父 佐野常民伝』、日本赤十字学園日本赤十字国際人道研究センター、2017年11月。

(495) 井上忠雄監修『日本赤十字社の父 佐野常民伝』、日本赤十字学園 日本赤十字国際人道研究センター、2017年、10〜11頁。

(496) 渋沢青淵記念財団竜門社編『渋沢栄一訓言集』、国書刊行会、1986年、182頁。

(497) しゃふくしコムHP:直訳は、脆弱性、傷つきやすさ。障がい者、高齢者、生活困窮者、母子(父子)家庭等で、何らかの社会的・生活支援を必要とする層。

(498) 公益財団法人渋沢栄一記念財団 渋沢資料館編集『養育院の「院長さん」渋沢栄一—父となり祖父となり曾祖父となり—』渋沢資料館、2023年、11頁には、「初出は不明だが、漢字・道徳教育のために編まれた中国の処世訓・格言集『増広賢文』収録の一節。同書は明朝の万歴時代(1574—1619)に原型が成立したとされる。」とある。

参考文献

〈書籍〉

Ⅰ．渋沢栄一関係

（1）渋沢栄一自身の著作・寄稿

日本赤十字社『日本赤十字』第230号、渋沢栄一「慈善の話」、1908年3月20日

日本赤十字社『日本赤十字』第257号、渋沢栄一「道と利は併せて得られぬか」、日本赤十字社、1909年5月5日

日本赤十字社『日本赤十字』第259号、渋沢栄一「道と利は併せて得られぬか（つづき）」、日本赤十字社、1909年6月5日

中央慈善協会編『慈善』第1編第1号、渋沢栄一「開会の辞」、中央慈善協会、1909年7月

渋沢栄一『青淵百話』、同文館、1912年

日本赤十字社『博愛』第384号、渋沢栄一「社交と道徳」、日本赤十字社、1919年4月10日

日本赤十字社『博愛』第394号、渋沢栄一「家庭の自覚」、日本赤十字社、1920年2月10日

協調会編『社会政策時報』第1号、渋沢栄一「労働問題解決の根本義」、協調会、1920年9月1日

渋沢栄一述 小貫修一郎編著『青淵回顧録』上下巻、青淵回顧録刊行会、1927年

渋沢栄一『論語講義』（一）～（七）、講談社学術文庫、1977年

渋沢栄一『青淵百話』、国書刊行会、1986年

渋沢栄一『論語と算盤』、角川ソフィア文庫、2008年

渋沢栄一『国富論 実業と公益』、国書刊行会、2010年

渋沢栄一『渋沢百訓 論語・人生・経営』、角川ソフィア文庫、2010年
渋沢栄一『渋沢栄一自伝 雨夜譚・青淵回顧録（抄）』、角川ソフィア文庫、2020年

（2）渋沢栄一親族の著作

穂積歌子『はは その落葉』、穂積歌子（私家版）、1930年
穂積重行編『穂積歌子日記：明治一法学者の周辺1890‐1906』、みすず書房、1989年
渋澤健『渋沢栄一 100の訓言「日本資本主義の父」が教える黄金の知恵』、日経ビジネス人文庫、2010年
渋澤健『渋沢栄一 人生を創る言葉50』、致知出版社、2017年
渋沢雅英『【復刻版】太平洋にかける橋―渋沢栄一の生涯―』、不二出版、2017年
渋沢秀雄『父 渋沢栄一』、実業之日本社文庫、2020年

（3）渋沢栄一関係研究書

渋沢青淵記念財団竜門社編纂『渋沢栄一伝記資料』第24巻、第30巻、第46巻、渋沢栄一伝記資料刊行会、1954〜1965年
韮塚一三郎、金子吉衛『埼玉の先人 渋沢栄一』、さきたま出版会、1983年
渋沢青淵記念財団竜門社編『渋沢栄一訓言集』、国書刊行会、1986年
渋沢資料館監修、矢野功作・画『学習まんが 人間 渋沢栄一』、国書刊行会、1988年
渋沢研究会編『新時代の創造 公益の追求者・渋沢栄一』、山川出版社、1999年
見城悌治『渋沢栄一「道徳」と経済のあいだ』、日本経済評論社、2008年

山本七平『渋沢栄一 近代の創造』祥伝社、２００９年
渋沢栄一、守屋淳編訳『渋沢栄一の「論語講義」』、平凡社新書、２０１０年
島田昌和『渋沢栄一 社会企業家の先駆者』、岩波新書、２０１１年
大谷まこと『渋沢栄一の福祉思想―英国との対比からその特質を探る―』、ミネルヴァ書房、２０１１年
泉三郎『青年・渋沢栄一の欧州体験』、祥伝社新書、２０１１年
渋沢栄一、守屋淳編訳『現代語訳 渋沢栄一自伝「論語と算盤」道標として』、平凡社新書、２０１２年
公益財団法人渋沢栄一記念財団編『渋沢栄一を知る事典』、東京堂出版、２０１２年
井上潤『渋沢栄一 近代日本社会の創造者』、山川出版社、２０１２年
守屋敦編著、渋沢栄一記念財団監修『渋沢栄一「論語と算盤」と現代の経営』、日本経済新聞出版社、２０１３年
橘川武郎、島田昌和、田中一弘編著『渋沢栄一と人づくり』、有斐閣、２０１３年
片桐庸夫『民間交流のパイオニア 渋沢栄一の国民外交』、藤原書店、２０１３年
島田昌和編『原典で読む 渋沢栄一のメッセージ』、岩波現代全書、２０１４年
橘川武郎、パトリック・フリデンソン編著『グローバル資本主義の中の渋沢栄一』、東洋経済新報社、２０１４年
渋沢青淵記念財団竜門社編デジタル版『渋沢栄一伝記資料』、本編全５８巻、別巻全１０巻、渋沢栄一伝記資料刊行会刊、２０１６年
周見著 西川博史訳『渋沢栄一と近代中国』、現代資料出版、２０１６年
宮本又郎編著『渋沢栄一 日本近代の扉を開いた財界リーダー』ＰＨＰ研究所、２０１６年
周見著、西川博史訳『渋沢栄一と近代中国』、現代資料出版、２０１６年
津本陽監修『渋沢栄一 １００の言葉―日本人に贈る混迷の時代を生き抜く心得』宝島社、２０１６年

町泉寿郎編著『渋沢栄一は漢学とどう関わったか―「論語と算盤」が出会う東アジアの近代』、ミネルヴァ書房、2017年
見城悌治編著『帰一協会の挑戦と渋沢栄一―グローバル時代の「普遍」をめざして』、ミネルヴァ書房、2018年
飯森明子編著『国際交流に託した渋沢栄一の望み―「民」による平和と共存の模索』、ミネルヴァ書房、2019年
今井博昭『渋沢栄一「日本近代資本主義の父」の生涯』、幻冬舎新書、2019年
杉山博昭『渋沢栄一に学ぶ福祉の未来』、青月社、2019年
童門冬二『渋沢栄一 人間の礎』集英社文庫、2019年
井上潤『渋沢栄一伝 道義に欠けず、正義に外れず』、ミネルヴァ書房、2020年
渋沢研究会編『はじめての渋沢栄一 探求の道しるべ』、ミネルヴァ書房、2020年
木村昌人『渋沢栄一 日本のインフラを創った民間経済の巨人』、ちくま新書、2020年
守屋淳『渋沢栄一「論語と算盤」の思想入門』、NHK出版新書、2020年
鹿島茂編訳『渋沢栄一「青淵論叢」道徳経済合一説』、講談社学術文庫、2020年
見城悌治編著『社会を支える「民」の育成と渋沢栄一―未来を拓く、次世代を創る』、ミネルヴァ書房、2021年
武井優『渋沢栄一と社会事業 社会福祉の道を拓いた「養育院」樹立の半生』、鳥採社、2021年
公益財団法人渋沢栄一記念財団 渋沢資料館監修『渋沢栄一検定 公式テキスト』、実業之日本社、2021年
武田晴人『よく集め、よく施された 渋沢栄一』、ミネルヴァ書房、2021年
河合敦『渋沢栄一と岩崎弥太郎 日本の資本主義を築いた両雄の経営哲学』、幻冬舎新書、2021年
山口輝臣編著『渋沢栄一はなぜ「宗教」を支援したのか―「人」を見出し、共鳴を形にする』、ミネルヴァ書房、2022年

II．同時代の周辺人物

根津嘉一郎『世渡り体験談』、実業之日本社、１９３８年
河上肇『貧乏物語』、岩波文庫、１９４７年
林竹二『田中正造の生涯』、講談社現代新書、１９７６年
松岡英夫『大久保一翁 最後の幕臣』、中公新書、１９７９年
由井正臣『田中正造』、岩波新書、１９８４年
内藤二郎『自由民権より社会福祉へ 安達憲忠伝』、文献出版、１９８５年
内藤二郎『社会福祉の先駆者 安達憲忠』、彩流社、１９９３年
吉川龍子『日赤の創始者 佐野常民』、吉川弘文館、２００１年
福澤諭吉著、富田正文校注『福翁自伝』、慶應義塾大学出版会、２００１年
アンドリュー・カーネギー著、坂西志保訳『カーネギー自伝』、中公文庫、２００２年
古川愛哲『勝海舟を動かした男 大久保一翁』、グラフ社、２００８年
林洋海『医傑 凌雲』、三修社、２０１０年
國勇行『佐賀偉人伝 ０９ 佐野常民』、佐賀県立佐賀城本丸歴史館、２０１３年
吉村昭『夜明けの雷鳴 医師 高松凌雲』、文春文庫、２０１６年
アンドリュー・カーネギー著、田中孝顕訳『富の福音』、きこ書房、２０１８年
後藤新平研究会編著『後藤新平と五人の実業家―渋沢栄一・益田孝・安田善次郎・大倉喜八郎・浅野総一郎』、藤原書店、２０１９年
渋沢栄一と同時代を生きたキーパーソン１００製作委員会著『幕末・維新・明治の偉人たち 渋沢栄一と同時代を生きたキーパーソン１００』、東京ニュース

通信社、2021年
渡邉義浩『大隈重信と早稲田大学』、早稲田大学出版部、2022年

III．近代日本の公益関係研究書

東京都養育院編『養育院八十年史』、東京都養育院、1953年
福島正夫編『戸籍制度と「家」制度』、東京大学出版会、1959年
日本社会事業大学救貧制度研究会編『日本の救貧制度』、勁草書房、1960年
五味百合子編著『社会事業に生きた女性たち』、ドメス出版、1973年
同志社大学人文科学研究所編『留岡幸助著作集第一巻』、同朋舎、1978年
吉田久一、一番ケ瀬康子編『昭和社会事業史への証言』、ドメス出版、1982年
横山源之助『日本の下層社会 改版』、岩波文庫、1985年（『日本之下層社会』、教文館、1899年の文庫版）
池田敬正『日本社会福祉史』、法律文化社、1986年
池田敬正『日本における社会福祉のあゆみ』、法律文化社、1995年
姜克實『近代日本の社会事業思想—国家の「公益」と宗教の「愛」』、ミネルヴァ書房、2011年
松原岩五郎『最暗黒の東京』、講談社学術文庫、2015年（『最暗黒之東京』、民友社、1893年の文庫版）
松沢裕作『生きづらい明治社会—不安と競争の時代』、岩波ジュニア新書、2018年

IV．松平定信関係

渋谷栄一『楽翁公傳』、岩波書店、１９３７年
松平定信『宇下人言・修行録』、岩波文庫、１９４２年
南和男『江戸の社会構造』、塙選書、１９６９年
藤田覚『松平定信 政治改革に挑んだ老中』、中公新書、１９９３年
植村美洋『渋沢栄一と松平定信』、現代書館、２０２２年
白河市歴史民俗資料館編集『松平定信と渋沢栄一～時代を超えたつながりと白河』、白河市歴史民俗資料館、２０２２年

V．参考文献

金谷治訳注『論語』、岩波文庫、１９６３年、１９９９年改定新版
城山三郎『勇気堂々』、新潮社、１９７６年
津本陽『小説 渋沢栄一』日本放送出版協会、２００４年
幸田露伴『渋沢栄一伝』、岩波文庫、２０２０年（幸田露伴『露伴全集』第十七巻、岩波書店、１９７９年に収録された「渋沢栄一伝」が底本。）
ジャクリーン・ノヴォグラッツ著、北村陽子訳『世界はあなたを待っている―社会に持続的な変化を生み出すモラル・リーダーシップ１３の原則』、英治出版、２０２３年

〈雑誌・会報・冊子・新聞〉

原胤昭編集兼発行『慈善』第一編第一号、中央慈善協会、１９０９年7月
財団法人竜門社『竜門雑誌』第３４６号、竜門社、１９１７年

友愛会本部『労働及び産業』第8巻、第9号、通巻第97号、友愛会本部、1919年9月
財団法人竜門社『竜門雑誌』第481号、竜門社、1928年
財団法人竜門社『竜門雑誌』第508号、竜門社、1931年
財団法人竜門社『竜門雑誌』第600号、竜門社、1938年
東京市養育院［編］『東京市養育院月報』第329号、東京市養育院、1928年12月
東京市養育院［編］『東京市養育院月報』第360号、東京市養育院、1931年6月
東京市養育院［編］『東京市養育院月報』第364号、東京市養育院、1931年11月
大阪府社会事業連盟『社会事業研究』第26第4号、1938年3月
財団法人中央社会事業協会『厚生問題』第62巻第5号、中央社会事業協会編、1942年5月
厚生省監修『厚生時報』3（7）、厚生行政研究会、1948年11月
港区デジタル版 港区のあゆみ『新修港区史』、港区、1979年5月
久喜市公文書館編集『公文書館開館10年 企画展ダイジェスト』、「第7回企画展」、久喜市公文書館、2003年9月
国会政経ニュース社『国会ニュース』第63巻（3）、林明大「渋沢栄一と陽明学」、2003年
社会福祉法人全国社会福祉協議会『月刊福祉』100年記念増刊号、『現代の社会福祉100の論点』、宮武剛監修、『月刊福祉』編集部、2010年1月
国際開発ジャーナル社『国際開発ジャーナル』第644号、2010年7月
一般社団法人日本医史学会『日本医史学雑誌』第58巻2号、稲松孝思、松下正明「大久保忠寛の「病幼院創立意見」（安政4年）と東京府病院（明治6～14年）について」、東京都健康長寿医療センター、2012年6月
一般社団法人日本医史学会『日本医史学雑誌』第59巻第2号、稲松孝思、松下正明「渋沢栄一の第三回パリ万博参加体験と明治前期の福祉・医療事業の関

与について」、東京都健康長寿医療センター、２０１３年６月

地方独立行政法人 東京都健康長寿医療センター『櫻園通信』稲松孝思 文、１～３２号、２０１３年６月～２０１６年３月、４１～４７号、２０１７年４月～２０１８年２月

企業家研究フォーラム『企業家研究』、有斐閣、田中一弘、「渋沢栄一の道徳経済合一説」、２０１５年１２月

東京都『東京都公文書館調査研究年報』、資料編纂係 西木浩一 文、２０１６年 第２号

井上忠男監修『日本赤十字社の父 佐野常民伝』、日本赤十字学園 日本赤十字国際人道研究センター、２０１７年

ジェイ・キャスト『Jタウンネット』、Jタウンネット編集部「幕末の日本には「３つの政府」があった… 佐賀藩士と「肥前大守政府」が描いた未来地図」２０１７年１１月２９日

国学院大学『国学院メディア』高塩博 文、２０１７年１２月４日号、２０１８年２月２８日号、５月８日号、５月２１日号

地方独立行政法人東京都健康長寿医療センター『ようこそ養育院・渋沢記念コーナーへ』老年学情報センター、２０１９年８月

東京大学大学院総合文化研究科・教養学部附属教養教育高度化機構

『ＳＤＧｓが目指す世界～考えよう！私たちの未来～』、井筒節「ＳＤＧｓが目指す『誰一人取り残さない』グローバル社会」、２０２０年２月２８日

白河市市役所『広報しらかわ』中山義秀記念文学館長 植村美洋、「渋沢栄一×松平定信 南湖を彩る系譜」第一回～第一二回、２０２１年１月～１２月号

日本赤十字社広報室『赤十字新聞』第９６９号、「博愛社を支えた大実業家・渋沢栄一と日赤創設者・佐野常民の〝深い縁〟」、２０２１年２月

都市出版編集『東京人』、都市出版、２０２１年２月１４日号

公益財団法人資本市場研究会『月刊資本市場』、関根仁、「渋沢栄一が見たパリ万国博覧会と西洋近代経済社会」、２０２１年３月号

毎日新聞出版『週刊エコノミスト』、黒崎亜弓 文、２０２１年３月９日号

守屋淳『ＮＨＫ１００分de名著 渋沢栄一 論語と算盤 すべては「公益」のために。』、ＮＨＫ出版、２０２１年4月号
公益財団法人資本市場研究会『月刊資本市場』、杉山里枝、「渋沢栄一の社会事業と現在のＳＤＧｓ、ＥＳＧの考え方への萌芽」、２０２１年１１月号
埼玉新聞社『埼玉新聞』、大江清一、「渋沢栄一と社会福祉事業」、２０２２年5月１９日号
公益財団法人渋沢栄一記念財団 渋沢資料館編集『養育院の「院長さん」渋沢栄一―父となり祖父となり曾祖父となり―』、渋沢資料館、２０２３年
井上潤『〝論語と算盤〟にみる渋沢栄一の福祉事業への思い』、企画展「養育院の『院長さん』渋沢栄一」関連講演会冊子、渋沢資料館、２０２３年5月１４日
日本経済新聞社編集『日本経済新聞』、２０２３年6月１８日朝刊

〈ホームページ〉
岡山朝日高校ＨＰ：資料館―岡山朝日高等学校（okayama-c.ed.jp）
岡山市瀬戸町観光文化協会ＨＰ：瀬戸町観光文化協会　いいせと　どっとねっと（e-seto.net）
沖縄科学技術大学院大学ＨＰ：沖縄科学技術大学院大学（OIST）
学校法人根津育英会武蔵学園―『武蔵学園百年史』、武蔵学園記念室 畑野勇、「社会貢献への目覚め―根津嘉一郎にとっての渡米実業団」ＨＰ：社会貢献への目覚め―根津嘉一郎にとっての渡米実業団―武蔵学園史紀伝―根津育英会武蔵学園百年史（musashi.jp）
公益財団法人岡山観光連盟ＨＰ：岡山観光ＷＥＢ【公式】- 岡山県の観光・旅行情報ならココ！（okayama-kanko.jp）
公益財団法人港区スポーツふれあい文化財団―「港区探訪―港区の偉人第１１回根津嘉一郎」ＨＰ：港区の偉人　第11回　根津嘉一郎（かいちろう）（政治家・実業家）：港区探訪：Kiss ポート（kissport.or.jp）
国際連合広報センターＨＰ：国連広報センター（unic.or.jp）

埼玉学園大学ＨＰ：埼玉学園大学（川口市）│保育士・幼稚園・小学校教論を目指せる│経済経営・心理・歴史・文学を学べる大学 (saigaku.ac.jp)
社会福祉法人全国社会福祉協議会ＨＰ：全国社会福祉協議会 (shakyo.or.jp)
千代田区観光協会ＨＰ：【公式】東京都千代田区の観光情報公式サイト / Visit Chiyoda (visit-chiyoda.tokyo)
東京商工会議所—「渋沢栄一の生涯と東京会議所」ＨＰ：渋沢栄一の生涯 |東京商工会議所 (tokyo-cci.or.jp)
東京大学ＨＰ：東京大学 (u-tokyo.ac.jp)
『幕末維新新選組』—「幕末諸隊総覧」ＨＰ：幕末維新新選組　幕末諸隊総覧 四 (bakusin.com)
ブクログＨＰ：ブクログ - ＷＥＢ本棚サービス (booklog.jp)
港区観光協会ＨＰ：港区観光協会 | VISIT MINATO CITY - 東京都港区の観光情報公式サイト (visit-minato-city.tokyo)

〈論文〉
早稲田大学法学会『早稲田法学』、赤石壽美、「恤救規則の成立と人民協救の優先」、１９８２年７月
日本女子大学社会福祉学科『社会福祉』、大友昌子、「明治地方自治制度の成立と救貧行財政—恤救規則の布告と府県の対応」、１９８３年３月
九州教育界『九州教育界紀要』１４期、木村政伸、「豪農層における漢学教育の普及とその意味」、１９８６年
日本社会分析学会『社会分析』（『社会学研究年報』）ＮＯ．１９、高野和良、「近代化と社会福祉—石井十次と留岡幸助の実践から」、１９９１年
社会経済史学会『社会経済史学』第６１巻第６号、平井雄一郎、「「区内預かり」から「養育院」へ」、１９９６年３月
土地制度史学編修『土地制度史学』第１５３号、大杉由香、「明治前期における東京の救恤状況」、１９９６年１０月
千葉大学留学生センター『千葉大学留学生センター紀要』第3巻、見城悌治、「近代日本における「偉人」松平定信の表象」、１９９７年３月
創価大学法学会『創価法学』、高橋保、尾崎毅、「日本社会保障法の形成過程（一）」、１９９７年１２月

創価大学法学会『創価法学』、高橋保、尾崎毅、「日本社会保障法の形成過程（二）」、１９９８年3月

法政大学史学会『法政史学』５０巻、安岡昭男、「講演 明治日本と万国」、１９９８年3月

早稲田大学大学院社会科学研究科『ソシオサイエンス』、兼田麗子、「渋沢栄一と大原孫三郎」、２００３年3月

東京大学大学院教育学研究科『東京大学大学院教育学研究科紀要』第４３巻、于臣、「渋沢栄一の少，青年期についての一考察」、２００３年3月

関西学院大学社会学部『関西学院大学社会学部紀要』１０３号、片岡優子、「原胤昭の生涯とその事業―中央慈善協会における活動を中心として」、２００７年１０月

文京学院大学『経営論集』第１７巻第1号、島田昌和、「経営者における道徳と宗教―渋沢栄一と帰一協会―」、２００７年１１月

佐賀大学文化教育学部『佐賀大学文化教育学部研究論文集』、松山郁夫、「明治期の窮民救助法案に含まれる福祉の考え方」、２０１１年8月

日本社会事業大学『日本社会事業大学研究紀要』、北場勉、「国民国家の形成と救済：恤救規則の制定に焦点をあてて」、２０１２年3月

長崎ウエスレヤン大学編『長崎ウエスレヤン大学地域総合研究所研究紀要』、村上清、「ドロ神父の活動と時代背景」、２０１２年3月

関西大学大学院東アジア文化研究科『東アジア文化研究科院生論集』、梁紫蘇、「渋沢栄一の対外認識の萌芽について」２０１３年1月

千葉大学大学院人文社会科学研究科『博士論文』、松葉ひろ美、「日本の福祉思想と生命観」、２０１４年3月

一般社団法人日本社会福祉学会編集『社会福祉学』５６巻1号、吉田晴一、「救護法における私設の救護施設が担う公的な救護の意義」、２０１５年

日本福祉大学『社会福祉学』第５６巻 第1号、山田みどり、「高松凌雲と同愛社の事業―同愛社設立初期の背景とその活動・運用を中心に―」、２０１５年３月

桜美林大学『桜美林論考．人文研究』、太田哲男、「渋沢栄一の倫理思想―その伝記との関係」、２０１６年3月

千葉商科大学国府台学会『千葉商大論叢』第５６巻、第1号、関水信和、「渋沢栄一における欧州滞在の影響―パリ万博（１８６７年）と洋行から学び実践したこと―」、２０１８年7月

日本仏学史学会『仏蘭西学研究』第45号、関根仁、「青淵漁夫・靄山樵者著『航西日記』の基礎的研究」、2019年6月
日本福祉大学大学院福祉社会開発研究科『博士論文』、山田みどり、「高松凌雲と同愛社—その生涯・思想と医療福祉の源流としての同愛社事業—」、2020年3月
慶應義塾経済学会『三田学会雑誌』113巻3号、松沢裕作、「人びとはどのように恤救規則にたどり着いたか：明治期群馬県の事例を中心に」、2020年10月
大東文化大学環境創造学会編『環境創造』、大杉由香、「明治期における棄児・幼弱者たちの処遇と救済の実態」、2021年3月
奈良大学『奈良大学紀要』第49号、田中文憲、「渋沢栄一に関する一考察（1）：儒教とサン・シモン主義」、2021年5月
埼玉学園大学経済経営学部篇『埼玉学園大学紀要』21巻、大江清一、「社会福祉事業の思想的基盤：渋沢栄一と東京市養育院」、2021年12月
広島大学大学院人間社会科学研究科『比較日本文化学研究』第15号、左曼麗、「少・青年期の渋沢栄一と『論語』」、2022年3月
静岡大学人文社会科学部『静岡大学経済研究』27巻、山本義彦、「渋沢栄一・日本資本主義の形成者と儒教観：その来歴と『論語と算盤』をどう読み解くか」、2022年7月

※本書における引用文献等については、今日の価値観から判断し、不適切とされる表現があるが、時代背景と歴史性を考慮し原文通りの表記とした。

付録

1　渋沢栄一　公益関連略年譜

西暦	和暦	年齢	栄一の主な出来事	国内外の出来事
1840	天保11	0	2月13日埼玉県血洗島に誕生。	アヘン戦争
1845	弘化2	5	父市郎右衛門から読書を学ぶ。	
1847	弘化4	7	従兄尾高惇忠から漢籍を学ぶ。	
1853	嘉永6	13	単身で藍を買付。父と初めて江戸へ出る。	ペリー来航
1854	安政1	14	家業に精励。	日米和親条約
1856	安政3	16	岡部藩陣屋へ父の名代として出頭。	
1858	安政5	18	従妹千代と結婚。	日米修好通商条約
1859	安政6	19	家業に精励。	横浜開港
1860	万延1	20	家業に精励。	桜田門外の変
1861	文久1	21	江戸の海保漁村の塾、千葉道場に出入り。	
1863	文久3	23	高崎城乗っ取り、横浜居留地焼き討ちを計画。	八月十八日の政変

西暦	和暦	年齢	事項	社会の出来事
1864	元治1	24	平岡円四郎の推挙で一橋慶喜に仕官。	
1865	慶応1	25	歩兵取立御用掛を命ぜられ領内を巡歴。	
1866	慶応2	26	幕臣となる。	徳川慶喜征夷大将軍
1867	慶応3	27	パリ万博使節として渡欧。	大政奉還、王政復古
1868	明治1	28	欧州より帰国し、慶喜と面会。	明治改元
1869	明治2	29	静岡藩に商法会所創立。新政府租税正として仕官。	
1870	明治3	30	官営富岡製糸場設置主任、大蔵少丞。	
1871	明治4	31	大蔵大丞、大蔵省紙幣頭。『官版 立会略則』、『航西日記』（栄一・杉浦譲共著）刊行、父死去。	郵便制度、新貨条例 廃藩置県、岩倉使節
1872	明治5	32	大蔵小輔事務取扱。	横浜新橋間鉄道開業 国立銀行条例
1873	明治6	33	辞官、第一国立銀行開業・総監役、抄紙会社創立。	地租改正
1874	明治7	34	母死去。東京会議所共有金取締。	
1875	明治8	35	第一国立銀行頭取、商法講習所創立・経営委員。	恤救規則
1876	明治9	36	東京府養育院事務長となり、東京会議所は、養育院・	

年	和暦	年齢	事項	一般
			日雇い会社と共有金の残金を東京府へ還納。	
1877	明治10	37	清国訪問、択善会創立、飛鳥山に別荘。	西南戦争
1878	明治11	38	東京会議所は解散し、東京商法会議所が発足し会頭。	
1879	明治12	39	福田会育児院会計監督、東京海上保険会社創立。	
1880	明治13	40	博愛社創立・社員。	工場は払い下げ概則
1881	明治14	41	東京大学文学部講師・3年間日本財政論を講義。	明治14年の政変
1882	明治15	42	千代夫人死去	日本銀行条例
1883	明治16	43	共同運輸会社開業、大阪紡績会社・発起人、伊藤兼子と再婚。	
1884	明治17	44	同愛社幹事、日本鉄道会社理事委員。	華族令
1885	明治18	45	日本郵船会社創立。	内閣制度
1886	明治19	46	竜門社創立、養育院慈善会創立、兼子が副会長。	
1887	明治20	47	日本煉瓦製造会社創立・発起人。	
1888	明治21	48	東京女学館開校・会計監督。	
1889	明治22	49	東京石島造船所創立・発起人。	大日本帝国憲法

西暦	和暦	年齢	事項	社会
1890	明治23	50	新島襄より同志社への尽力を依頼される。	教育勅語
1891	明治24	51	東京交換所創立・委員長。	
1892	明治25	52	東京貯蓄銀行創立・取締役。	
1893	明治26	53	喜賓会創立・幹事長。	商法施行
1894	明治27	54	熊谷銀行創立・発起人。	日清戦争
1895	明治28	55	北越鉄道会社創立・監査役。	日清講和条約
1896	明治29	56	日本精糖会社創立・取締役。	
1897	明治30	57	渋沢倉庫部開業。	金本位制
1898	明治31	58	東京奠都三十年祝賀会挙行・副会長。	
1899	明治32	59	東京盲唖学校第11回卒業式出席。	
1900	明治33	60	大倉商業学校開校・協議員兼幹事、男爵を受爵。	
1901	明治34	61	日本女子大学校開校・会計監督。	
1902	明治35	62	欧米訪問。	日英同盟
1903	明治36	63	『欧米紀行』刊行。	
1904	明治37	64	風邪により長期療養。	日露戦争

西暦	和暦	年齢	事績	社会の出来事
1905	明治38	65	東京凱旋軍歓迎会を組織・理事総代。	日露講和条約
1906	明治39	66	京阪電気鉄道会社創立・創立委員長。	鉄道国有法
1907	明治40	67	帝国劇場会社創立・創立委員長、東京慈恵会創立・理事兼副会長、仏コマンドール勲章受勲。	
1908	明治41	68	中央慈善協会創立・会長、米太平洋岸商業会議所一行来日。	
1909	明治42	69	多くの企業・団体の役員辞任、修養団賛助員、渡米実業団団長として訪米。	
1910	明治43	70	政府諮問機関の生産調査会創立・副会長。	韓国併合
1911	明治44	71	済生会創立・顧問兼評議員。	工場法、辛亥革命
1912	明治45	72	帰一協会創立・幹事、『青淵百話』刊行。	大正改元、友愛会
1913	大正2	73	日本結核予防協会創立・副会頭、日米同志会創立・会長、日本実業協会創立・会長。	大正政変
1914	大正3	74	国際通信会社創立・相談役、実業提携を計り訪中。	第一次世界大戦
1915	大正4	75	渋沢同族会社創立、日本百科大事典完成会創立・協	対華二十一箇条要求

年	和暦	年齢	事項	社会
			賛員、パナマ運河開通博覧会のため訪米。	東京株式市場暴騰
1916	大正5	76	第一銀行頭取を辞任。日米関係委員会創立・常務委員、『論語と算盤』刊行。	
1917	大正6	77	理化学研究所創立・創立委員長、東京府下災害のため、東京風水害救済会を組織・会長。	金本位制停止
1918	大正7	78	『徳川慶喜公伝』刊行、米価暴騰のため、東京臨時救済会創立・会長。	
1919	大正8	79	二松学舎改組・舎長兼理事、協調会創立、副会長	ヴェルサイユ条約
1920	大正9	80	国際連盟協会創立・会長、滝乃川学園理事長、子爵を受爵。	国際連盟 東京株式市場暴落
1921	大正10	81	排日問題善後策を講ずるため訪米。	
1922	大正11	82	エジソン翁第七十五回誕辰祝賀会挙行・会長。	ワシントン軍縮条約
1923	大正12	83	大震災善後会創立・副会長。	関東大震災
1924	大正13	84	日仏会館開館・理事長。	米国で排日移民法
1925	大正14	85	『楽翁公伝』に着手（1937年刊行）、	治安維持法、普選法

			『論語講義』刊行。	
1926	大正15	86	日本太平洋問題調査会創立・評議員会長。	昭和改元
1927	昭和2	87	日本国際児童親善会創立・会長。	金融恐慌
1928	昭和3	88	全国実業家主催米寿祝賀会開催。	
1929	昭和4	89	中央盲人福祉協会創立・会長。	世界大恐慌
1930	昭和5	90	日本経済聯盟会名誉会員。	金輸出解禁、ロンドン軍縮条約
1931	昭和6	91	11月11日死去。	満洲事変

〈引用文献〉

・渋沢研究会編『新時代の創造 公益の追求者・渋沢栄一』、山川出版社、1999年記載の渋沢栄一関連年表を基に作成。

2　渋沢栄一　民部大蔵両省仕官時代の救貧施策関連等の記述

西暦	和暦	年齢	出来事	
1869	明治2	29	11月4日	是より先本年十月十八日附太政官の弁官より出京す可き旨の命あり。乃ち常平倉の事務を整理し、同月二十六日静岡を発して東京に出で、是日民部省の租税正に任ずる宣旨を拝す。栄一辞意を抱きしも、是月十八日大蔵大輔兼民部大輔大隈重信の説得により其辞意を飜す。
			11月―	民部省内に改正掛を置く。栄一の建議する所にして、栄一其の掛長たり。
1870	明治3	30	2月19日	民部省租税司の立案に基き養老米は其の家計の貧富を量度して以て之を賜与し或は収停す可きを太政官に稟議す。栄一租税正として之に与る。
			6月14日	民部省租税司の立案に基き貧窮の農民に米穀を賑貸する方法を設定す。

栄一租税正として之に与る。

7月5日 民部省諸藩預所の貧民に賑貸せる夫食米金年賦還納の残額を蠲捐す。栄一租税正として之に与る。

7月10日 民部大蔵両省分離す。租税司及び改正掛是より大蔵省に属し、栄一大蔵省官吏となる。

8月13日 大蔵大丞に任ぜらる。

12月18日 紙幣頭に兼任す。

1872 明治5 32

2月12日 大蔵大丞を免じ、大蔵省三等出仕を仰付けられ、大蔵少輔事務取扱を命ぜらる。紙幣頭を兼ぬること元の如し。こゝに於て栄一事実上の大蔵次官の地位に立てり。

3月4日 是より先、本年二月二十六日火災の為丸の内・京橋等灰燼に帰するや、正院災地に煉瓦家屋を建築せんとし、経費の支出を大蔵省に命ず。栄一大蔵大輔井上馨等と謀り省中吏員各分に応じて義捐し、煉瓦家屋建築及び貧窮者救恤の資金に充てんとして、是日井上の名によりて

年	年齢	月日	事項
1873 明治6	33		正院に稟請し、其許可を得たり。此時栄一省中醸出の外別に金百円を東京府に寄附す。
		5月4日	是より先、各省経費増額の要求益々烈し。大蔵大輔井上馨極力論争したれども、遂に拒む能はず。乃ち五月三日に至り辞意を決し、吏僚を集めて之を告ぐ。栄一之に同じ、是日辞表を奉呈す。十四日願に依り出仕を免ぜらる。

〈引用文献〉

・公益財団法人渋沢栄一記念財団ホームページ『渋沢栄一詳細年譜』を基に作成。

3　渋沢栄一と養育院 略年譜

西暦	和暦	年齢		出来事
1872	明治5	32	8月	東京営繕会議所設立。
			10月15日	東京の窮民240名を本郷旧加賀藩邸内の長屋で一時保護。
			10月28日	東京営繕会議所は東京会議所と改称。
1873	明治6	33	2月4日	上野護国院内の堂宇を購入し移転。
			3月3日	行旅病人棄児の保護開始。
1874	明治7	34	11月	栄一、東京会議所共有金取締となり養育院事務となり養育院事務を掌理。
1875	明治8	35	12月	栄一、東京会議所会頭兼行務科頭取となる。
			―	養育院内に筆算所設立。児童への教育事業を開始。
1876	明治9	36	5月11日	栄一、「養育院並瓦斯場事務長」となる。
			5月25日	養育院事務の府庁への還納完了。
			6月6日	東京府営となり、名称を「東京養育院」と定める。
1878	明治11	38	4月29日	成人・児童の雑居解消のため「児童室」設置の認可を得る。

西暦	和暦	年齢	月日	事項
			—	院内の児童は６９名、寝食を世話する「児守女」２名が配置。
1879	明治12	39	8月18日	栄一、初代「院長」となる。（職名変更）
			10月10日	神田区和泉町（旧藤堂藩上屋敷）へ移転。
			—	この年、名称が「東京府養育院」となった。
1882	明治15	42	4月	東京府会にて養育院処分の議論開始され、明治１８年６月末で地方税の支弁停止が決定。
1883	明治16	43	1月4日	府下の行旅病人の受け入れを開始。
1885	明治18	45	11月19日	栄一ら１０名の委員に経営が委任される。
			12月	委員の互選により栄一が院長となる。
			12月4日	本所区長岡町へ移転。
1886	明治19	46	3月16日	東京の全ての棄児・迷児の保護を養育院が担う制度となる。
			7月7日	養育院婦人慈善会発足。会長高崎鷹子・副会長渋沢兼子。
1889	明治22	49	11月30日	皇后宮大夫香川敬三が養育院を訪問。毎年皇后より６００円が下賜されることが示達。明治３１年より年２０００円に増額。
1890	明治23	50	1月1日	東京市制施行。東京市管理となり「東京市養育院」と改称。常設委員会を

西暦	和暦	年齢	月日	事項
				設置し、栄一、常設委員長となる。
1891	明治24	51	2月21日	安達憲忠幹事が養育院に初出勤。
			3月31日	瓜生岩子を幼童世話掛として招聘。
1894	明治27	54	4月	郡部の行旅病人棄児の受け入れを開始。
			7月16日	栄一、院児を養子とする際の制度整備を東京府へ建議。
1895	明治28	55	6月13日	建議受け「幼童縁組並雇預け及官給養育米料保管手続」制定。
1896	明治29	56	3月31日	小石川区大塚辻町へ移転。
			9月	院内に簡易課程の小学校を設置。
1900	明治33	60	7月22日	東京市養育院感化部開始式。
			7月24日	千葉県安房郡勝山町への海浜療養所設置を東京市長へ建議。
			7月26日	建議が許可される。
1901	明治34	61	4月初旬	院内の幼稚園開設準備として保母練習所へ2名を派遣開始。
			6月14日	東京市会、養育院の運営制度を改正。委員長の他に院長を置く事とし、委員長に中沢彦吉、院長に栄一を選任。
1902	明治35	62	1月13日	院内の付属小学校開校式。

西暦	和暦	年齢	月日	事項
1903	明治36	63	11月20日	栄一、インフルエンザとなり喘息を併発、その後、中耳炎などを患い手術。翌年9月まで長期療養。
1905	明治38	65	9月	北多摩郡武蔵野村の井之頭御殿山御料地へ感化部を新築移転、東京市養育院感化部井之頭学校と改称。
			10月19日	井之頭学校開校式。
1906	明治39	66	6月	東京市養育院院資増殖会設立。同会は「設立趣旨の目的を貫徹」し、大正2年12月解散。
1909	明治42	69	5月16日	安房分院開院式。婦人慈善会の寄附により建築。
			6月5日	巣鴨分院開院式。
			6月6日	栄一、実業界からの引退を開始。
1910	明治43	70	5月13日	巣鴨分院にて楽翁公記念会が開催され、以後、毎年開催。
			8月	栄一の発起で巣鴨分院へ児童・職員の為の図書館設立を開始。
1911	明治44	71	11月	浅草・芝に職業紹介所を設置。
1912	明治45	72	2月	小石川に職業紹介所を設置。
1913	大正2	73	2月4日	「東京市参与条例（東京市条例第4号）」が制定され、養育院担当の参与が

西暦	和暦	年齢	月日	事項
				院長と定められる。
			2月12日	栄一、養育院担当の参与となり、没年まで務める。
			12月19日	井之頭及吉祥寺御殿山御料地が下賜される。
1914	大正3	74	10月24日	結核性患者等の為の板橋分院開院式。
				敷地は養育院院資増殖会からの寄附。
1915	大正4	75	2月頃	板橋への本院移転検討開始。
			10月	東京市養育院移転助成会設立。
1916	大正5	76	7月26日	栄一、第一銀行頭取を辞任。
			7月27日	栄一、東京貯蓄銀行頭取を辞任し実業界から完全引退。
1917	大正6	77	1月17日	皇后宮大夫大森鐘一が大塚本院及び巣鴨分院を視察。
			1月18日	栄一、参内し皇后へ養育院に関して言上。
1919	大正8	79	6月12日	安達憲忠幹事が病気の為、養育院を退職。
				市嘱託統計掛長の田中太郎が養育院幹事となる。
1922	大正11	82	12月	栄一、参内し皇后に拝謁。
1923	大正12	83	6月	栄一、参内し皇后に拝謁。

			9月1日	関東大震災。安房分院建物が全壊し児童11名が圧死。
			9月8日	板橋移転の繰り上げ実施を開始。
			9月17日	安房分院児童らが巣鴨分院へ移転開始。
1924	大正13	84	3月21日	板橋本院の落成移転披露会。
			4月18日	栄一、巣鴨分院児童を飛鳥山邸に招待、慰安園遊会を実施。
1925	大正14	85	11月15日	板橋本院にて、栄一銅像の除幕式。
1927	昭和2	87	4月29日	巣鴨分院改築落成披露会。
1929	昭和4	89	5月5日	栄一、井之頭学校生徒を飛鳥山邸に招待。
1930	昭和5	90	4月27日	竜門社、飛鳥山邸での園遊会に井之頭学校生徒を招待。
1931	昭和6	91	6月13日	栄一、板橋本院・巣鴨分院を訪れる。最後の登院となる。
			9月17日	養育院幹事田中太郎、写真師を連れて飛鳥山邸を訪問。
			11月11日	渋沢栄一没。

〈引用文献〉
・公益財団法人 渋沢栄一記念財団 渋沢資料館編集『養育院の「院長さん」渋沢栄一—父となり祖父となり曾祖父となり—』、「関連年表」、渋沢資料館、2023年、14頁を基に作成。上記資料は以下の資料により作成された旨の記載あり。

竜門社編『青淵先生六十年史』第二巻、竜門社、１９００年
東京市養育院『東京市養育院月報』第３１０号、東京市養育院、１９２７年
東京市養育院『東京市養育院月報』第３６５号、東京市養育院、１９３１年
東京都養育院『養育院八十年史』、東京都養育院、１９５３年
渋沢青淵記念財団編『渋沢栄一伝記資料』第２４巻、渋沢栄一伝記資料刊行会、１９５９年
渋沢青淵記念財団編『渋沢栄一伝記資料』第３０巻、渋沢栄一伝記資料刊行会、１９６０年
東京都養育院編『養育院百年史』、東京都、１９７４年

4. 救貧施策 略年譜

西暦	和暦	主な出来事
593	推古1 以降	聖徳太子が創建したと伝えられる四天王寺が、施薬院（薬草を施与）、療病院（療養施設）、悲田院（収客施設）、敬田院（寺院）の四箇院を建立する。
679	天武8	『日本書紀』に「降大恩恤貧乏。以給其飢寒」の記載あり。天皇の慈恵・大恩（みめぐみ）による救済・賑給（じんごう）の記載。
701	大宝1	大宝令に凶作に備えて貯穀する備荒として「義倉」が制度化。
723	養老7	元正天皇が興福寺に施薬院、悲田院を建立。
730	天平2	光明皇后が皇后宮職の下に施薬院を設置。
757	天平宝字元	考謙天皇が興福寺に施薬院を建立。 養老律令に「戸令」鰥寡条に、近親者による「私的扶養優先」の規定あり。
759	天平宝字3	藤原仲麻呂の建議により左右両京に平準署として、穀価が下落した時に購入し、上昇したときに放出することにより穀価の平準化を図る。 「常平倉」が設けられる。（771年に廃止）

825	天長2	太政官府が政府機関としての施薬院に医師を含む官員の定数を定める。
1186	文治2	源頼朝による飢餓対策として、知行国の未納年貢を免除し、相模国での人別一斗の賑給。
1201	正治3	北条泰時による貸与米返却の免除。
1213	建暦3	源実朝による困窮者救済である「非人施行」の実施。
1321	元亨1	後醍醐天皇が飢饉の際し米穀を検非違使に命じて廉売を強制する。
1393	明徳4	足利義満が飢饉に際し洛中にて一万石の施米。
1421	応永28	足利義持が飢饉に際し諸大名に命じて、五条河原に救小屋を建て施行。
1521	永正18	武田信玄が旱魃に際し徳政令を出す。
1560	永禄3	上杉謙信による租税の減免。以降「徳政」施与を行う。
1571	天亀2	織田信長による京中で一町あたり五石の米貸与。
1573	天正元	織田信長による京中での地子銭免除。
1586	天正14	豊臣秀吉が御所の南門に施薬院を設置。
1621	天和7	幕府が大火により屋敷を消失した封建諸侯に「救金」を与える。
1623	元和9	イエズス会イタリア人 Giulio Aleni (1582-1649) が編纂した『職方外記』が明 (中国) で刊行。

1635	寛永12	幕府が大名・旗本に１０ヵ年賦八七万両を貸付した「拝借金」を実施。
1642	寛永19	幕府が浮浪化した困窮者の一時収容施設として江戸に「救小屋」を設置し施粥を実施。
1657	明暦3	幕府が江戸の大火の際、罹災町民に「救金」、「施粥」を実施。
1670	寛文10	金沢藩主前田綱紀が疾病孤独者を収容保護する「非人小屋」を設置し食料支給・診療・授産を行う。
1687	貞享4	幕府が浮浪者の恒常的な収容施設として「非人小屋」を設置。
1700頃	—	『職方外記』が日本に渡来。鎖国体制の中で禁書とされるも、蘭学者の間で政治・学問・教育・福祉の理想形としての西洋観が広がり、西洋の社会救済制度を解説した記述にある「貧院」「幼院」「病院」という言葉が、蘭学者の間で使われるようになる。
1705	宝永2	徳川吉宗が和歌山藩主となる。（～１７１６）
1716	享保1	徳川吉宗が幕府の将軍となる。（～１７４５）
1721	享保6	徳川吉宗が評定所の前に目安箱を設置。
1722	享保7	徳川吉宗が町医者 小川笙船の建議により、小石川薬園内に「養生所」を開設し、極貧・独身の病人・行倒病人を施療する。
1724	享保9	幕府が町民の救済策として大阪城代から一万石の「拝借米」を支給。

年	和暦	事項
1732	享保17	幕府が飢饉に際し、農民に10万8600石の「夫食米」を貸与。
1742	寛保2	徳川吉宗が「公事方御定書」を定める。
1780	安永9	幕府が「無罪之無宿」の浮浪者の収容施設として江戸に「無宿養育所」を設置し、職分の強制と出身地への送還を行う。1786（天明6）廃止。
1783	天明3	松平定信が白河藩主となる。
1787	天明7	松平定信が将軍家斉の老中となる。翌年 吉祥院歓喜天へ「心願書」を奉納。
1790	寛政2	松平定信が、長谷川平蔵の献言を入れて「無宿養育所」に代わり、「人足寄場」を石川島に設置する。施設内に工房を設け、賃金を支払う労役に就かせ、一部を更生資金として積み立てる。 また、慈恵・相互扶助とは異なる公的救済の実施機関として、既存の「町中合力」を町方行政として制度化した「町会所」を設立し、恒常的な貧窮者救済に充てる保護資金積立制度「七分積金」を発足させる。この制度は明治初年まで続き、一部は東京府養育院の設立資金に充てられた。
1792	寛政4	松平定信が「窮民御救起立」を献策し制定され、町役人等による調査を受けた対象となる貧窮民へ「七分積金」から救済の手当を支給。

1853 嘉永6
黒船来航。

1856 安政3
洋学の中心機関として蕃書調所が開設され、外交官の育成・洋書翻訳・海外事情の研究が盛んになる。

1857 安政4
大久保忠寛（貿易取調御用・蕃書調所総裁）が、西洋の社会救済制度を参考に平山敬忠の素案に加筆修正した「病幼院創立意見」を幕府に提出するも実現せず。

1864 元治元
大久保忠寛が家督相続し、一翁と改める。

1867 慶応3
坂本龍馬が大久保一翁の大開国論より「船中八策」を作成し、西郷隆盛らに、大政奉還を説く。
「船中八策」を基にした山内容堂の「大政奉還建白書」により将軍徳川慶喜が大政奉還を朝廷に奏上。

1868 慶応4（9月改元）
王政復古の大号令「民は王者の大宝」として「万民御救恤」を宣言。
幕府の会計総裁・若年寄であった大久保一翁が「七分積金」を含む幕府の財産を明治政府へ引き継ぐ。
町会所の七分積金は中止となるが、救済は継続された為、再開が決定され明治3年（1870）まで、町会所による救済は継続となる。

明治元

五箇条の御誓文の前文に「万民保全ノ道ヲ立ントス」の記載。

五榜の掲示（太政官）第一札「鰥寡孤独廃疾ノモノヲ憫ムベキ事」の記載。

太政官から府県への通達に「窮民ノ救済ハ府県ニ任セル」の記載。

静岡藩中老となった大久保一翁が、欧州帰りの渋沢栄一と出会う。

パリ派遣団報告を受けた慶喜が、渋沢を勘定組頭に任命。

1869 明治2

静岡藩の紺屋町に渋沢の建議した商法会所が設立。

東京府は七分積金により、貧民を収容する救育所を深川・三田・麹町・高輪に設置し、出身地に送還あるいは新しい戸籍に編入する「復籍」と「授産」を行う。

「府県施政順序ヲ定ム」に国費を使わず「窮民ヲ救フ事」の条文記載。

「府県奉職規則」に「無告ノ窮民」を救助する権限を定める。

「水火災ノ節窮民救助の措置方」の制定。

渋沢栄一が明治政府に出仕。

1871 明治4

廃藩置県後の地方官による窮民救助の専断禁止の太政官布告による〃天皇の仁政〃の徹底。

「県治条例」により、中央の権限で済貧恤救の方法を定め、地方の権限は「窮民一時救助

西暦	和暦	事項
		規則」に定める「定額の救助」と定められる。 「棄児養育米給与方」、「行旅病人取扱規則ヲ定ム」の制定される。 授産所化しつつあった教育所が廃止される。
1872	明治5	町会所は廃止され、大蔵省からの内諭により共有金(=七分積金)を管理する「営繕会議所」が新設される。町会所の廃止に伴い、積金は東京府に接収される。 大久保一翁が東京府知事となり、救貧対策を営繕会議所へ諮問し、営繕会議所は「窮民」に仕事を与える「工作所」、「窮民」を雇用する「日雇会社」、「天下ノ窮民ニシテ告ルナキモノ」を収容する「長屋」を設立する「救貧三策」を答申。東京府は「長屋」のみ養育院として創立しロシアのアレクセイ大公の訪日直前に、浮浪者を本郷に集めて収容し、営繕会議所附属養育院と命名する。 その後、「営繕会議所」は、福利施設の発展寄与を目的に「東京府」に類似した性格と機能を帯びた「東京会議所」となる。
1873	明治6	渋沢栄一が明治政府を退官。大久保一翁が養育院掟書を追記。 「三子出産ノ貧困者へ養育料給与方」による児童保護。
1874	明治7	全国初の制度としての「恤救規則」(太政官達162号)を制定。

1876　明治9　渋沢栄一が養育院本院事務長に就任。養育院が東京府の直轄経営となる。

1879　明治12　古川市兵衛が足尾銅山の権利を得る。

1881　明治14　養育院の事務長が院長に改称となり、渋沢栄一は養育院院長に就任。

1882　明治15　松方財政が始まる。（～1898年）

1885　明治18　東京府会が、養育院処分案を可決。

　　　渋沢栄一が養育院廃止に対する建議書を提出するも、公費支出停止となり、養育院は、

　　　東京養育院と元府立病院蓄積金利利子で運営される民間への委任経営となる。

1886　明治19　養育院慈善会を発足させ、資金を寄せる会員を募る。

1889　明治22　養育院による出獄罹病者の収容診療を開始。

1890　明治23　養育院は東京市営となる。（東京市養育院と改称）

1891　明治24　安達憲忠が東京市養育院幹事事務取扱となり、同年 幹事に就任。

　　　看護の拝志よしね、養育の瓜生岩子が入職。

　　　田中正造が、足尾銅山鉱毒問題質問書を政府へ提出。（1901年天皇へ直訴）

1897　明治30　医長の入澤達吉が入職。

1905　明治38　養育院が感化部を井之頭学校として分離。

１９０９	明治42	養育院が児童の収容施設として、巣鴨分院を設置。
１９１９	大正8	安達憲忠が養育院退職。
１９２９	昭和4	救護法（法律39号）成立するも、財源不足を理由に施行は無期延期となる。
１９３１	昭和6	渋沢栄一が逝去。
１９３２	昭和7	競馬法改正で財源を得たとして救護法（法律39号）施行。
１９４６	昭和21	旧生活保護法施行。
１９５０	昭和25	旧生活保護法施改正施行。
２０１４	平成26	改正生活保護法施行。
２０１５	平成27	生活困窮者自立支援法施行。

※国家（為政者）の救貧施策を記載。社会（被統治者）における結（ゆい）・催合（もやい）・講等は除く。

〈引用文献〉

・小川政亮「恤救規則の成立――明治絶対主義救貧法の成立過程」福島編［１９５９：２５９‐３１９］、１９５９年
・池田敬正『日本社会福祉史』、法律文化社、１９８６年
・創価大学法学会『創価法学』、高橋保、尾崎毅、「日本社会保障法の形成過程（一）」、１９９７年１２月
・古川愛哲『勝海舟を動かした男 大久保一翁』、グラフ社、２００８年

・稲松孝思『櫻園通信』、地方独立行政法人 東京都健康長寿医療センター、１～３２号、２０１３年６月～２０１６年３月、４１～４７号、２０１７年4月～２０１８年2月
・老年学情報センター『櫻園通信』7、東京都健康長寿医療センター、２０１３年１０月
・公益財団法人渋沢栄一記念財団デジタル版『渋沢栄一伝記資料』、２０１６年
・木村昌人『渋沢栄一 日本のインフラを創った民間経済の巨人』、ちくま新書、２０２０年
・港区 デジタル版 港区のあゆみ『新修港区史』、１９７９年

あとがき・謝辞

本書は、放送大学大学院へ提出した修士論文の一部を修正し、改題・書籍化したものです。公益福祉の概念が極めて薄かった戦前の日本社会において、「渋沢栄一は、如何にしてバルネラビリティに手を差し伸べたのか?」を問題意識としています。渋沢がライフワークとして取り組んだ養育院の確立過程を中心に、実証的に論求したナラティヴともいえます。

渋沢は、私淑していた松平定信をして、「実に政治家の典型である。彼に取るべきところは、その才学技倆にあらずして、至誠徳操にあり。」と称えましたが、渋沢こそ、至誠の人でした。渋沢が、「日本資本主義の父」であると共に、近代日本の公益福祉の嚆矢となり、その基盤を作った点で、「日本公益福祉の父」とも呼ぶべき存在であることも判りました。論文として執筆した為、本文に記すことは憚られましたが、本書を書き進める中で、ある昭和の劇画の主人公を想起しました。誤解を恐れずにいえば、私の中の渋沢栄一は、梶原一騎原作「タイガーマスク」の伊達直人でした。

渋沢の公益思想の淵源となる「因」を考えるうえで、渋沢と同時代を生きた幸田露伴（1867～1947）による『渋沢栄一伝』にある結びの一文を挙げたいと思います。

「養育院事業は永い永い間栄一の力を尽したことであり、（中略）栄一の仁心に本づいたことは勿論であるが、その源泉を尋ねると、栄一の母の性質の美にして、惻隠の情はなはだ深く、困窮病弱等の悲しむべき人を憫む（中略）のに困ったのである。母は明治7年に死したが、栄一はその後数十年を慈善事業に尽力して怠らなかったのである。母は栄一によって永く生きたのである。」と。

栄一は「慈母えい」に倣い、養育院の入院者にとって、「慈父渋沢」となったと考えます。自らの姿と振舞いを通し、栄一を育てた母えいなくして、渋沢と養育院はなかったのではないでしょうか。

渋沢栄一は、本年7月3日より、新1万円札の顔となります。本書が混乱と混迷を深める現代社会で、〝一隅を照らさん〟と奮闘される方々にとって、実業家とは異なる社会事業家としての渋沢栄一の一端に触れる契機となれば幸いです。

本書のベースとなった修士論文『渋沢栄一の公益思想―養育院の確立過程を視座に―』の作成については、研究指導責任者である放送大学特任教授の魚住孝至先生より、2年間に亘り終始ご熱心にご指導ご鞭撻を賜りました。参考文献をはじめ、資料収集先をお示し頂き、論文の組み立てはもとより、時代における比較方法や歴史上の位置付けに至るまで、魚住先生のご指導なくして、本書は決して出来上がりませんでした。茲に衷心より深謝申し上げます。誠に有難うございました。

論文審査の副査として、ご指導を頂いた千葉大学教授の見城悌治先生に貴重なお時間を頂きました。衷心より感謝申し上げます。また、魚住先生のゼミに共に参加され、様々なご示唆を頂いた同窓修了生の諸先輩、同期、後輩の皆様にも感謝申し上げます。

論文執筆にあたり、日本赤十字社広報室赤十字情報プラザの川田恭子氏には、赤十字社所蔵の貴重な資料をご用意頂きました。公益財団法人渋沢栄一記念財団による養育院企画展の開催時、同財団顧問の井上潤氏のご講演を拝聴させて頂き、同財団学芸員の清水裕介氏からは、参考文献を含め企画展の背景や骨子となるお話を承りました。其々、論文作成において、大いなる推進力となりました。重ねて感謝申し上げます。有難うございました。

最後に、85歳まで税理士事務所を経営し、経済的援助を生涯惜しまなかった父、業務と執筆を常に支えてくれた妻、資料収集をサポートしてくれた慶應義塾大学大学院に学ぶ長男に感謝します。

本書出版にあたり、出版工房虹色社代表の山口和男氏に表紙デザインを、同社編集の熨斗克信氏に編集・レイアウトをご担当頂き、共に出版に関するご助言を頂戴しました。記して感謝の意を表します。

2024年5月　山本伸洋

【著者】
山本 伸洋（やまもと のぶひろ）
１９５９年 東京都生まれ。
大手小売業にて、販売促進、事業企画、経営企画、マーケティング、ストアプランニングを担当。食品バイヤーを経て、高速道路ＳＡ・ＰＡ、鉄道駅ビル・駅ナカ、ＳＣ・観光施設における食物販分野のコンサルティング業務に携わり独立。
放送大学大学院文化科学研究科修了。修士（学術）。
消費生活アドバイザー、宅地建物取引士、第二種衛生管理者、
クレカウンセラー、一級惣菜管理士、きき酒師、野菜ソムリエ、
パンシェルジュ検定１級、スパイス＆ハーブ検定１級、料理検定
１級を取得。

渋沢栄一の公益思想　―いま「養育院」が問いかけること

2024 年 5 月 30 日　第 1 刷発行

著者　山本伸洋
発行者　山口和男

発行所 / 印刷所 / 製本所　虹色社
〒 169-0071 東京都新宿区戸塚町 1-102-5 江原ビル 1 階
電話　03（6302）1240

ISBN 978-4-909045-33-1

■ 虹色社の本

東京のまちに生き、まちに思いを馳せる人々が織りなす、七つの物語。

それぞれの「東京」を軽やかに綴った、作者の自撰小説集第一弾。

発行日 : 2021.9.18
1,980 円（10%税込）

あの発車ベルが今日も鳴る——。

都電の写真と、六人の作家による沿線エリア別の書き下ろし小説を、一冊に収録しました。

乗っていなくてもこの一冊を開けば、どこか懐かしく親しみやすい都電模様が心に広がることでしょう。

発行日 : 2022.8.20
2,420 円（10%税込）

この時代、紙の本をつくる意義とは何なのか—。

虹色社流、本の制作方法などを一挙ご紹介。

あとがきに、落語家「林家彦三」氏執筆

新しい虹をめぐる七章収録

発行日 : 2021.11.24
1,650 円（10%税込）

今もこれからも、江ノ電はどこかなつかしい——。

江ノ電沿線が舞台の書き下ろし小説（全六編）に加えて、全十五駅&周辺の写真を収録しています。

小説と写真で、「江ノ電に親しめる」「江ノ電に乗っている気分になれる」本に仕上がりました。

発行日 : 2023.9.1
2,420 円（10%税込）